孙德生属灵三部曲
第 二 部

生命的成熟

Spiritual Maturity

灵命成长原则与实践

[新西兰] 孙德生（J. Oswald Sanders）著

钟越娜　译

南方出版社

目 录

新约圣经将基督徒区分为三种类型：灵命成熟型、灵命幼稚型及灵命衰退型。很可悲的，一个信徒有可能在灵命上不够成熟，或日益衰退。圣经对造成这种光景的原因有透彻的分析，也预备了医治的方法。这本书是为了多少能满足每一种类型的基督徒之需要而写的，并说明：欲满足心中与神密切同行的渴望，可以借着调整与三位一体神之间的关系而达成。

灵命幼稚的人，必须先从对神真理的基本兴趣开始前进，进入一种在基督里更丰盛、更深沉的经验中。至于灵命退步的人，其秘诀乃在于反思导致失败的原因，重新领受他那多而又多的恩典。真正灵里成熟的人，不是抱着"已遂所愿"的态度，乃是热切地希望"更趋成熟"。

从神的话语里，我们为他的神圣和对罪的仇恨所震慑。我们重新了解到他的意念多么慈悲，他的管教多么及时。他为了使基督徒的品格趋于完全而付出的无穷耐心，以及他在患难中加添力量的应许，都足以使我们为之惭愧。这些对神的认识，可以产生圣洁、虔敬的心和平静的信念，确信他正以无比的关心和最好的方式管理着我们的生命。

我们再将眼光移到耶稣身上，看见了他的荣耀和威严，他生命的崇高，他的死所带来的胜利。我们也看见他钉死在十字架，又高坐宝座上。我们听见了他对做门徒的严格要求，并想象过让他在生命中做王的可能性。我们带着崇敬和自我降服，在他的脚前屈膝。

我们也讨论了圣灵无比重要的事工：他鼓舞、改变的大能；他洁净我们的工作；他那无法抗拒的动力及宣教的热诚。这些使我们确信，他和圣父、圣子都有同样的目的——引领我们"臻于成熟之境"。只有灵里成熟的生命，才会毫无保留地降服在三位一体的神那崇高的影响力之下。

孙德生

(成题)～明白 神的计划的亮善
　　与内容
～ 神儿的耶稣地位本性

第一章
神超越的计划

能力，权柄

"我们晓得万事都互相效力，
叫爱神的人得益处，就是按他旨意被召的人。"

（罗8：28）

読経：《罗马书》8章26-30节

这节圣经，透过上下文的阐释，往往能给处在试炼之中的基督徒带来无限的安慰和鼓舞。对保罗来说，这是一个深刻的确信："我们晓得万事都互相效力。"毫无置疑的余地！他相信，无论发生什么事情，神都会看顾我们，这信心是不可动摇的。他相信"神使万事至终都成为最好的"（赐斐德[Scholefield]①语）。对他来说，这个信念使得一切抱怨都变得不可思议，因为生命中的每一件事，若不是神计划的，就是他许可的。有此确信，他才可能实践那近乎完美的教训："凡事谢恩"，转悲叹为歌唱。也就是因为实际地把握住这个真理，他和他的同伴才能在夜半引吭高歌。虽然他们的计划都搁浅了，又身陷牢狱，遍体鳞伤，但只要他清楚自己爱神，且是按他旨意被召的人，他就毫不在意肉体的安适。每一件事，不管

_____

① 赐斐德（1850–1883），内地会宣教士，在中国山东宣教时因病逝世，年仅32岁。

　　看来艰难或顺遂，到头来都会成为有益的。重要的问题在于：我们是否能分享到保罗这一份喜悦的确信？

　　保罗用如此斩钉截铁的口吻，显然表示，在面对这句令人惊奇的声明时，我们不可以保持中立的态度。当然，如果这个信念不以那么坚定的形式出现，或许还较易为人接受。面临悲伤或横逆的折磨时，嘴里还说"万事都互相效力，叫爱神的人得益处"，未免有些不符实际。但真是这样吗？我们一定得暗中带着怀疑来看这个说法吗？还是以喜乐、实际的态度去接受它？透过上下文解释，仔细推敲每一个字的意义，就会发现：整本圣经中，没有其他经节比它更能在我们陷于苦难、试炼或失望中时，给我们带来平静、安稳。

　　要解释"万事都互相效力"的中心意义，关键有二：第一，不可以忽略它的上下文；第二，不可忽略它提及的两个条件——"爱神的人"和"按他旨意被召的人"。这两个条件决定了承受此益处的人的资格，设下了一个限制。事实很简单，"万事都互相效力"并非对任何人都如此。这节经文也绝无此意。这里包含了两个先决条件：第一，与神要有正确的关系。只有神家中的一分子，享有并显出家庭的温馨，才能在此项应许上蒙受其利。这样的人相信，神既肯舍下自己的儿子，就必不会允许，也不会命令任何不符合他最终利益的事发生。爱就是：即使心中不能领悟，仍然信靠到底。第二，与神要有伙伴的关系。他是"按着神旨意被召"的人，为了神永恒的计划，已放弃自己的计划。他无法想象，神完美的设计也可能会被那些真的对他有害的事物所阻挠。对他的神来说，"意外并非意外，逆境亦非逆境"。结论是：神的旨意对那些他所呼召并以爱回应他的人是显明的。这个应许与那些悖逆神、不关心神旨意的人毫不相干。只有对内心冷淡的人，这节经文才会成为绊脚石。对于心中火热、爱神的人，这个应许是荣耀的安慰。要想得到这节经文的安慰，就必须符合保罗所设的条件。

很自然的，问题会随之而起：难道悲剧是有益的？疾病是有益的？丧失亲人是有益的？挫折是有益的？为什么神允许这些事情来打击我们？在保罗的时代，对逆境的典型反应有四种。以彼古罗派（Epicurean）[1]的态度是："我们吃吃喝喝吧！因为明天就要死了！"犬儒主义者（Cynic）刻苦己身以反抗命运。斯多亚派（Stoic）[2]咬紧牙关，以冷酷的态度接受天命。爱比克泰德（Epictetus）[3]写道："勇敢地仰望神，并说：'从现在起，用你的旨意待我，我原是与你在一起的，是属于你的，只要你认为对的事，我就不畏缩。以你的旨意引导我，以你的衣物覆蔽我。你要我保住或远离这职位、停留或逃逸、富足或贫穷？为了这些，我要在众人面前，为你辩护。'"

但在这节经文中，保罗简洁地指出，基督徒的态度应当

---

① 通译"伊壁鸠鲁派"，此处的"以彼古罗"是和合本圣经选用的译法，参《使徒行传》17章18节。

② 通译"斯多噶派"，此处的"斯多亚"是和合本圣经选用的译法，参《使徒行传》17章18节。

③ 爱比克泰德（约55－130），又译"伊比德图"，罗马最著名的斯多噶派哲学家。

是：不要轻蔑、冷漠或勉为其难地接受。基督徒应该以喜乐的心迎接横逆或悲伤，知道任何事情，不论是顺遂还是艰难，都是互相效力，至终必叫他得最大的益处。

从这一节圣经中，可以看出四个充满安慰、鼓励的真理。

神的计划是仁慈的

"万事都互相效力，叫爱神的人得益处。"

实际应用此节经文时，最大的难处是如何解释"益处"这两个字。神在他目光长远的爱里，所应许的"益处"，对我们来说可能不一定总是好的、易于接受的。若我们用物质的、短视的观点来看，有时神的照顾确实仿佛让我们落入悲惨！其实，神允许的益处是属灵方面的，不是指眼前的。而且有时在我们还未认清它的真正好处以前，它已经过去了。

约伯花了好几年的时间，才明白在他生命中那些奇特的遭遇。他所受的折磨完全起因于撒旦恶毒的心意，但约伯并没有怪罪于偶然的遭遇或撒旦。他以文字高贵地表达了他的哲学："赏赐的是耶和华，收取的也是耶和华；耶和华的名是应当称颂的。"在遭妻子嘲骂时，他仍坚持对神的信心："嗳！难道我们从神手里得福，不也受祸吗？"他对信仰的坚定立场，从后来的那些事件得到了充分的证明。他经历试探，不但未被毁灭，反而更丰足。透过约伯的合作，神使撒旦的恶行变为好处。

"我们很容易用动物性的享乐来解释'益处'二字,"葛容斯(Vernon Grounds)[1]写道,"如果我们没有疾病,如果我们的身体从未被痛苦伤害,如果我们口袋里总是有钱或银行里有存款,如果我们住时尚的房子,享受现代化的奢华生活,如果我们穿着讲究,并且能到海边度长假⋯⋯我们就认为,这是益处。很不幸,我们成了物质文明的牺牲者,虽然有基督教的信仰,却巧妙地把舒适看为等于益处。同样,我们也认为成功就等于益处,享乐就等于益处⋯⋯这些理解和保罗的基本教训真是差之千里。也正因这些错误的混淆,我们常弄不明白《罗马书》8章28节的含意。我们没有抓住保罗对益处的看法,以致把原该是我们心灵得安息的一个应许,变成了头脑里一个硬邦邦的障碍。"

> 神的旨意尽是良善;
> 他时时将我惦念。
> 万能良医赐下的杯岂有丝毫毒素?
> 滴滴都是良药,
> 因为神本是真实。
> 我立基于这永恒真理上,
> 心中满是欢喜。

1812年3月12日,发生在印度赛兰坡(Serampore)的大火,最能阐明这个真理。威廉·克里(William Carey)和他的

---

[1] 葛容斯(1914–2010),又译"葛容",曾任丹佛神学院教务长、第二任校长、名誉校长,福音派领袖。

同工们多年来为翻译圣经工作所付出的心血，刹那间全毁在灰烬中。印刷圣经的纸张，损失难以估计。新近铸造的塔米尔文（Tamil）和中文的铅版，全部付之一炬。部分辛苦搜集来的手稿、文法书和字典也烧毁了。克里写道："除了印刷机，几乎无一幸存。这真是一个沉重的打击！足以让我们印刷圣经的工作停顿许久。即使再努力工作12个月，也无法恢复旧观，更别提财产、设备等损失，我们几乎无法克服这样大的困难。"

损失的手稿中，包括他大半的印度文圣经译本、全部的卡纳拉文（Kanarese）新约、两大卷梵文旧约、孟加拉文（Bengali）字典的许多页、全部的泰卢固文（Telugu）及部分旁遮普文（Punjabi）的文法书，以及颇具深度的梵文字典，这些都是他语言学生涯中的精心杰作。

但接着，他以坚定信心所说出的话，很类似我们这节经文："毫无疑问的，神将使这件不幸的事情带来益处，用它来促进我们所关心的事工。"还没等灰烬冷却，克里的同工马士曼（Marshman）就写道，这场灾祸是"神看顾我们的另一种方法，以操练我们对他话语的信心。他的话坚固如天国的栋梁，他曾应许说万事都互相效力，叫爱神的人得益处。因此在主里要坚强。他绝不会拆毁自己的手所做的工"。

在这场灾难中，神的仆人们紧紧抓住这个真理，心里得享平安。"带我进入顺服的平静中，使我能仰望并欢迎神的旨意。"马士曼说。克里述及他如何被这一节经文所镇静："你们要休息，要知道我是神。"他们有名的三人小组的另一成员沃德

（Ward），在浓烟迷漫时，不只是镇静，甚至喜气洋洋的呢！

　　这怎么可能互相效力，并产生益处呢？用不了多久，神的计划就显明了。"这场灾祸很快传到英国基督教界的耳中。在大火的光焰中，他们见到这份事业的崇高性，事实逐渐为人知晓。这次的损毁，被证明是一个警钟，使得对这个宣教工作热心的朋友倍增。"突享的盛名，远盖过他们蒙受的损失。"这场大火，使你们从事的工作声名大噪，远非其他事所能及。"富勒（Fuller）忠实地警告说，"大众现在对我们交相赞美，有人甚至愿以800枚金币来买克里的肖像！如果我们一味汲取这份馨香，神会不会因此收回他的祝福？那时我们将置身何处？"

　　那么，保罗观点中的益处，真正的性质是什么？答案可以在下文找到："因为他预先所知道的人，就预先定下效法他儿子的模样。"（罗8：29）保罗的观念是，任何能使他更像基督的事，都是有益的——不管它是否影响他个人的舒适、健康、成功、享乐。学像基督的人常常在物质享受上并不讲究。许多最像基督的基督徒都疾病缠身。生意上的飞黄腾达，反成了许多人在圣洁生活上的丧钟。追求享乐，往往达不到所追求的目标。

神的计划是活泼的

"万事都互相效力，叫爱神的人得益处。"

　　心中爱神的人，即使在最悲伤、困难的环境中，也能感觉神正不停地工作。因为神在做工，变灭亡为祝福、悲剧为胜利，所以万事至终都转为最好的。神的作为有时并非清晰可见，事实上很多时候看来他什么都不做。卡莱尔（Carlyle）在苦思人生的谜题后，充满懊恼地说："神最糟糕的地方，就是他什么也不做。"但是当一切看来静止不动时，往往是神最活跃的时刻。神在自然界中的作为，似乎不易观察，却最具实效。在人看不见的控制下，群星依着他所定的轨道运行，浩瀚的海洋始终不越出指定的范围。我们绝不可因为看不见神的活动就心浮气躁，企图用自己的手接管一切，做自己的主宰。

日常发生的事，不论悲惨或喜悦，都是神用来编织我们生命的原始材料。"周遭环境中的一切，都要使灵魂弯曲。"只有让神介入生活中的每一个事件里，所有的混乱才能变得井然有序。"神太仁慈了，不会做任何残酷的事；神太聪明了，不会犯下任何错误。"你无法想象出任何环境，能比神计划中的环境更美好，更能为我们带来益处。

神的计划是完全的

"万事都互相效力，叫爱神的人得益处。"

每一种情况下的每一件事，都在神仁慈的控制之下。这节经文包括之广泛，足以令人叹服！丧失亲人、疾病、失望、期许落空、精神纷扰、孩子伤脑筋、努力结果子而一无所获——当然，这些看上去都不能互相效力，叫人得益处，保罗却平静地断言，事实确是如此。我们也许愿意承认整个生命都在神统管一切的照顾之下，但要相信生命中每一个细节，神都因爱我们而关心，倒有些令人踌躇。我们的主也确认事实是如此，即使麻雀，若没有天父许可，也不能跌落地上。基督徒一生的境遇都是神所命定的，没有任何事是偶然的。爱使我们相信，神对我们生命中的每一细节都关怀备至。每一件事都是按神智慧的目标、在他的应许中设计的。他对我们的看顾，从未停止片刻。

正确地去接受每一次横逆，就能同时得到它的益处：身体的病痛和软弱，可以让我们感觉自己的脆弱；迷惑不解可以让我们发现自己缺乏智慧；经济困难可以指出我们的资源何等有限；错误和失败可以教导我们谦卑。这一切都属于"益处"。

神的计划是和谐的

"万事都互相效力，叫爱神的人得益处。"

万事都朝着预先定好的模式进行。生活中的事件不是独立、互不相关的。医生开的处方常包含好几种的药，如果单独吃其中一种，可能会中毒，造成伤害。但经过有技巧、有经验的医生指示，将几种药调和在一起，就能产生益处。巴克莱（Barclay）将这一节经文译成："我们晓得神将万事调和起来，好叫爱他的人得益处。"单独经历一件事时，也许完全见不到好处，但将各事综合起来，结果必然对我们有益。

在横逆中，"不信"可能会问道："这事怎么可能对我有益？"答案是："耐心等候这位伟大的医生把药方写完吧！"谁都可能回顾前尘，发现先前以为倒霉的事，原来是神所赐下的福气。也许画家调配的，尽是外行人眼中毫不切题的颜色，但等他全部混合好以后再说话吧！

生命好像在织布机上精心编织的一块挂毡，为了形式的美观，不能只用单一的色彩。有的地方应该明朗艳丽，有的地方应该暗淡深沉。一旦搭配起来，就能显出它的美丽。

> 不必等到织布机静止，
> 所有梭子停止飞驰，
> 神就会打开布匹，
> 解释原因何在——
> 黑色的线原不可缺，
> 在织者技巧娴熟的手中，
> 一如金色银色的线，
> 因整块布，早经他设计妥当。

但当严厉的试探来临时，我们虽然大体上同意这个真理，却极易受到试探，以为自己目前的环境是一次例外。若真是如此，这段经文就空洞、无效了，神统管照顾人一切事的真理也毫无意义了。一连串的悲剧打击着约瑟——被放逐远离家乡、被卖为奴、冤枉坐牢，这些对他来说，真难看出是互相效力于他有益的。然而在追想往事时，他对兄弟们说："从前你们的意思是要害我，但神的意思原是好的，要保全许多人的性命，

成就今日的光景。"（创50：20）

在生命的各样事件中，"神有一个他看为有价值的目标。如果我们不看局部，而从整体来看，我们必定全然同意他的目标"。即使必须面对人或魔鬼的愤怒，我们也可以放心地安然倚靠在这个确信上。因为我们知道，这事最后将令我们发出对神的赞美，否则它就不可能发生。

> 我神所命定的总是正确，
> 他是我的亮光与生命；
> 临到我的必是美善，
> 我全心全意信赖；
> 因我深知或喜或忧阳光终必出现，
> 我们的守护者，何等信实可靠。

第二章
神奇妙的异象

"求你显出你的荣耀给我看。"

（出33：18）

读经：《出埃及记》33：11-23

摩西的这个祷告，在几个世纪之后，仍回响不绝。后代的基督徒们向神求异象，常常不明白这个请求可能带有的含义。很多时候这个请求蒙了应允，他们却没有发现。约翰·牛顿（John Newton）以前做过奴隶贩子，后来悔改了，他曾热切地渴望获得改变的异象，但是，当他的迫切祷告真蒙允许时，他大吃一惊，几乎招架不住。他曾记下这段经历：

> 我恳求上主，让我日益成长，
> 在信心、爱心和各样恩典中，
> 更明了他的救恩，
> 更虔诚地寻求他的面。
> 是他教我如此祷告，
> 相信也是他，回答了这祈祷，
> 却是以这种方式，
> 几乎叫我绝望。

我原以为会在一个良辰，
他立即应允我的要求，
以他爱的大能，
赦免我罪，予我安息。
事实不然，他使我感觉到，
内心隐而未现的恶，
又吩咐地狱的愤怒力量，
击打我灵魂的每一寸。
更进一步，他似乎试图
亲手加重我的苦难，
推翻我一切的计划，
使我的作物枯萎，将我降为低。
"主啊！究竟为什么？"我颤声哭道，
"难道你要置这小虫于死地？"
"这是我的做法，"主回答说，
"为了恩典和信心，我听了你的祷告。
我用这些心灵的试炼，
好叫你从自我及罪中得自由，
并取消你世俗享乐的计划，
如此你才能全然在我里面。"

我们向神求异象时，心中究竟希冀着什么？天空中一道闪光的异象？像大数人扫罗那样，看到令人瞎眼的光芒？一个震撼、充满能力的属灵高潮？研究圣经中所记神的异象，却是另一番景观。从来没有一个例子是神的异象突然带来狂喜或振奋。近乎一致地，神的异象都使当事人产生极度的自我贬黜感。在所有的例子中，异象都是一种令人凛然敬畏而非狂喜振奋的经验。异象越强烈，人在神面前就越屈服。

若真如此，在我们向神求异象以前，要先对后果有一个心理准备。在光耀夺目的白雪映照下，再干净的被单也可能显出污点。在神毫无瑕疵的纯净、圣洁面前，所有属世的东西都会现出尘埃污秽。站在神的荣光里，约书亚这位圣洁的大祭司，也变成"穿着污秽的衣服"而配不上他的职分（参见亚3：3）。我们更没有理由想超越这条规则。

如果我们问神的异象以什么形式出现，神不会让我们心存疑惑。"那吩咐光从黑暗里照出来的神，已经照在我们心里，叫我们得知神荣耀的光显在耶稣基督的面上。"（林后4：6）在圣灵的画布上，他借着熟练的笔法和生动的色彩，已经依着那眼不能见的神之形象，画出基督耶稣的面孔。同样的圣灵，也会为那些渴望见神荣耀的人照明这画布，让他们看见。他最乐意以圣经中记载的基督事迹，来启示神的荣耀。

约伯可能是和亚伯拉罕同一时代的人，他虽身处属灵启示尚未明朗的曙光中，却对神有惊人的认识，也有崇高的生活标准。在他的眼中，自己的品格毫无可指摘之处。他自认为诚实，曾说："我是清洁无过的，我是无辜的，在我里面也没有罪孽。"（伯33：9）这并非属灵的口号，而是诚恳表达他内心的正直。而且他不只是在自己眼中没有污点，在神眼中他也是珍贵无比的。神对撒旦说："你曾用心察看我的仆人约伯没有？地上再没有人像他完全正直，敬畏神、远离恶事。"（伯1：8）很少有人能这么深刻地，既享有自己良心的赞许，又有从神来的称赞。

约伯是极少数神称之为"完全人"中的一个，由此我们更能确定他的无可指摘和正直。在试探的危机加剧之际，神的异象降临了。他怎么处理？他用少数几句含意丰富的话记下来："我从前风闻有你，现在亲眼看见你。因此我厌恶自己，在尘土和炉灰中懊悔。"（伯42：5-6）面对神的异象，这个完全人也不禁憎恶起自己了。

神的异象也曾临到雅各，当他单独在雅博渡口时，"有一个人来和他摔跤，直到黎明"。他给那地取名毗努伊勒，意思是："我面对面见了神，我的性命仍得保全。"（创32：24、30）这次异象如何影响雅各？他被迫说出自己的名字，这个名字正代表了他本性中令人羞耻的部分。"那人说：'你名叫什么？'他说：'我名叫雅各。'"雅各——巧取者、骗子、诈欺者的意思。在他有资格承受神赐下的祝福前，他必须先承认自己的本性。一直到死，他都带着这次遭遇所留下的印记。一旦遇见了神的异象，这位骗人的高手，也不得不坦白自己隐藏的耻辱。

摩西可以夸口自己的博学，他也喜欢被人称为法老女儿的儿子。但热切的爱国心，使他迫不及待地想以肉体的力量解救以色列人。他不愿耐心等候神启示他的计划，结果被迫隐藏起来，以逃避法老王的愤怒。在沙漠中他的急躁逐渐变成被动，直到他被神的异象所吸引。"耶和华的使者从荆棘里火焰中向摩西显现。摩西观看，不料，荆棘被火烧着，却没有烧毁……神说：'不要近前来，当把你脚上的鞋脱下来，因为你所站之地是圣地。'……摩西蒙上脸，因为怕看神。"（出3：2-6）神所托付用来带领他选民出埃及的这个人，他看见的异象使他心生敬畏，以致他转过面孔，不敢见神。

以利亚曾被形容是以色列历史上最伟大和最具浪漫性格的人。他在仓促间被投入迦密山的历史舞台。我们看看他是怎样的一个人——大有神能，竟可以随意令天闭塞；毫不畏惧人，竟敢公然反抗国王，等于对全国挑战！和以诺一样，他享有直接进入天国的殊荣，而未曾经过死亡的门。这样的一个大胆、强硬的人，如何经历神的异象？"耶和华从那里经过，在他面前有烈风大作，崩山碎石……风后地震……地震后有火，耶和华也不在火中；火后有微小的声音。以利亚听见，就用外衣蒙上脸。"（王上19：11-13）他可以在神展示他威严的大能时，保持无畏、急躁的态度，却被神那温柔微小的声音击溃，而想隐藏起自己的面孔。

先知以赛亚有能力清晰地预见福音的真理，这样的人是不会受自卑感困扰的。他对国人发出的崇高预言中，常带着扎心的责难。他自认有十足的资格去谴责当代的人，说他们有祸了（参见赛3：9、11，5：8、11、20），直到他看见神的异象。"我见主坐在高高的宝座上。他的衣裳垂下，遮满圣殿。其上有撒拉弗侍立……彼此呼喊说：'圣哉！圣哉！圣哉！万军之耶和华，他的荣光充满全地！'因呼喊者的声音，门槛的根基震动，殿充满了烟云。"（赛6：1-5）他见了这辉煌的异象后，接着宣告谁有灾祸呢？"那时我说：'祸哉，我灭亡了。因为我是嘴唇不洁的人……又因我眼见大君王万军之耶和华。'"在神圣洁的大光中，这张传递属灵信息的嘴，也成了污秽、不洁的。

当以西结和他的同胞，在巴比伦受苦难、做俘虏时，神的异象临到他。"以西结在迦巴鲁河边被掳的人中，天就开了，得见神的异象。"（结1：1）这异象包括了神的威严、无所不在的神性、永不休止的活动力，以及用彩虹围绕的宝座。"在他们头以上的穹苍之上，有宝座的形象，仿佛蓝宝石，在宝座形象以上有仿佛人的形状……又见从他腰以下有仿佛火的形状，周围也有光辉。下雨的日子，云中虹的形状怎样，周围光辉的形状也是怎样。这就是耶和华荣耀的形象，我一看见就俯伏在地。"（结1：26-28）这位勇敢、忠心的先知，不能承受神宝座所发出的凛然光芒，因为在那上面高坐着荣耀的神。

圣经中的伟人里，但以理可说名列前茅。他在连续5位东方暴君的手下做宰相，成绩斐然。他能始终保住自己的性命，该归功于他的智慧和正直。政敌们挑不出他的毛病，只好控告他祷告太多。根据记载，神只派天使告诉过一个人他如何蒙神喜爱，这个人就是但以理。他是否经历天国的异象而毫发无伤呢？听听他自己的告白："这异象惟有我但以理一人看见……

只剩下我一人。我见了这大异象便浑身无力，面貌失色，毫无气力。我却听见他说话的声音，一听见就面伏在地沉睡了。"（但10：7-9）这位最纯洁的圣徒遇见圣灵的荣耀时，变得面无人色，并不是因为他的恶行，乃是出于他的美德。

一位年轻人，在这种破碎自我的经历中写道："如果我真正以为那些我一直引以为荣的美德、诚实，原只是耻辱，那我就不能往前进了。但我还是得向前进。这个功课很清楚，我丝毫不能信靠自己。我最敬虔的时候，大概就是那最可怕的骄傲心正在滋长的时刻。我最好站在我的恶行前面说：'我的恶是无穷尽的……'"

整夜打鱼而毫无收获之后，异象临到彼得。他顺服了基督的命令，结果渔网不胜负荷，几乎破裂。彼得眼见奇迹，明白基督若不是全知的神指引他们到鱼群处，就是全能的神将鱼群赶来给他们。当他看见神的荣耀彰显在基督的脸上时，不禁自惭形秽。"主啊，离开我，"他说，又俯伏在耶稣的脚前，"我是个罪人！"（路5：8）事实上他极不愿意如此承认，但神用来向犹太人和外邦人开启天国福音的这个人，一旦见了异象，他就毫无选择的余地，只想要逃避神的面。

出身大数的扫罗，在启程往大马士革时，心中充满对神错误的热心和对基督徒的仇恨，渴望流他们的血。他一向以自己是希伯来人中的希伯来人、最严谨的法利赛人而自豪，也颇得意自己服侍神的热心。"忽然从天上发光，四面照着他。他就仆倒在地，听见有声音对他说：'扫罗，扫罗！你为什么逼迫我？'他说：'主啊，你是谁？'主说：'我就是你所逼迫的耶稣。'"（徒9：3-5）神的荣光，在已升至高天的基督脸上闪耀，使这个几乎可以说是靠工作称义的人，眼睛失明，完全屈服下来。

主所爱的门徒约翰，在那个时代，无疑是一个最可亲、最成熟的圣徒。他特别讨主喜爱，并不是因主偏心，而是因为他比其他门徒更配得主的眷爱。当耶稣在衙门受审时，只有他仍忠心耿耿。教会传统中对他的人格魅力及对神单纯的信仰有许许多多见证。在他日臻成熟的晚年，神赐给他一个崇高的异象。"灯台中间，有一位好像人子……他的头与发皆白，如白羊毛……眼目如同火焰……声音如同众水的声音……面貌如同烈日放光。"（启1：13-16）若任何人有资格见这异象，又能毫不动容，这个人非约翰莫属，因他曾几度将头靠在耶稣的胸怀里。但事实不然。"我一看见"，约翰写道，"就仆倒在他脚前，像死了一样。"世上最亲切、谦和的使徒，在神无比的威严和圣洁面前，也不禁仆倒在地，好像死人一样。

从这些异象，可以看出一个共通之处：先是异象来临，然后人产生自我嫌恶、自我贬黜、转开面孔、自惭形秽、眼睛失明、面无人色、自我排斥、仆倒如死人。我们还想不想向神祈求异象？

但是，这幅图画还有另外一面。神并不乐意看见他的儿女仆倒在尘土中。若他使他们降低、卑微，那只是为了在特定的时机将他们升高。令人降服本身并不是目的，乃是为祝福所铺的道路。这些异象给我们明显的教训就是：除非先破碎自己，否则神绝不会将祝福、重要的任务托付给你。

约伯的"自以为义"完全崩溃后，紧随的是给他的报偿，比原先的损失还多一倍，并且，借着他为朋友的代祷，他自己也由苦境转回。雅各的异象，使他的性格转变，满有神和人两方面新的能力。摩西曾因依靠肉体的力量及缺乏自信、冷漠而受到责难，但这些也装备了他，令他将来能够肩负起带领神子民出埃及的重任。以利亚泄气之余，神鼓励他，并托付他新的服侍。而以赛亚呢？不仅他那不洁的嘴得以洁净、不义得以消除，并且他承受了更大的使命。对但以理而言，崩溃的感觉，最后导致喜乐，因他后来成了神启示的桥梁。彼得"自惭形秽"的深刻认识，是预备他成为有能力的五旬节布道家的主要因素。异象使保罗变为神拣选的器皿，在众王及外邦人面前宣讲神的名。曾将约翰从地上提起的那位神，把撰写启示录的重任托付他，两千年来这本书一直支持着患难中的教会。每一个异象都是令人灵命更加圣洁的前奏，并且也扩大了人服侍神的范围。

确是如此，神的异象必然会引人认清自我，但目的都是为了人的益处。神的目标不是仅仅在使我们屈服。我们实在不必担心被逼入绝境，因为"人的尽头，是神的开始"。若我们渴望在圣洁中长进，并为神所重用，就该欢迎神的异象。

当我们真心渴望神的异象并甘心接受异象所带来的一切时，我们就可能得到异象。若我们的祈求真蒙了应允，也没有必要一直仆倒在地上，憎恶自己。只要我们诚心为那些在神大光中显露出来的过犯悔改，就可以像以赛亚一样，听见神说："你的罪孽便除掉，你的罪恶就赦免了……你去告诉这百姓……"（赛6：7、9）。

第三章
神恒忍的恩惠

"雅各的神⋯⋯"

（诗46：7）

"你这虫雅各。"

（赛41：14）

读经：《创世记》32：1-32

神的名号中没有一个比"雅各的神"更叫人吃惊。雅各与神，本性迥然不同，却连在一起，再古怪不过了，但这一个简单的词组最能说明神那恒忍、永不灰心的本性。

在加尔文主义神学中，有关"圣徒恒忍"（Perseverance）的教义一直很醒目，但与它相辅相成的真理未受到同样的重视。圣徒们的恒忍，完全是由神恒忍、永不灰心的本性而来的。若非如此，今天我们中间可能一个也成不了基督徒。保罗对神的恒忍永不灰心，有充分的信心："我深信那在你们心里动了善工的，必成全这工，直到耶稣基督的日子。"（腓1：6）他将我们的眼光由人的狭窄、弱小导向神的大能和威严。他将我们由自我限定的圈子提升，进入神计划的壮丽领域中，这计划是永不会失败的。

我们的神从不半途而废，他开始的工，他必完成。虽然以色列人老是阻挠、反对他，他还是坚持他那仁慈的管教，直到他的旨意实现，并且地上各族都因着以色列人蒙福。若一个方法失败，他就采用另一个。如果一个世代的人拒绝回应他，他就耐心地由下一个世代重新开始。一代代的以色列人，不断背离神去拜偶像，一直到他们最后被掳到巴比伦。这次惩罚终于让他们看清了拜偶像的愚昧、无益。从那以后，犹太人的国家没有再拜过偶像。

我们主的恒忍，是他生命中极具特色的性格之一。曾有预言说到他："他不灰心，也不丧胆，直到他在地上设立公理。"（赛42：4）他正是如此。他所爱并寄予厚望的门徒们背弃了他，在最后关头，软弱和私心胜过了他们对主的爱。在主最需要的时刻，他们抛弃他逃之夭夭。将他出卖、交在仇人手中的，不是仇敌，而是他的密友之一。经历这一切，他既没有倒下，也没有气馁。就因着这些人，他的旨意才得以完成。他怀着坚定不移的信心，相信天父既已动了善工，就必要成全，他的旨意没有一个不成全的。我们也可以分享这个信念，相信我们的神必成全他自己的工。

圣经的记载和基督徒的经验，可以充分证明神那紧追不舍的爱，具有恒忍、永不疲乏的耐力。弗朗西斯·汤普森（Francis Thompson）①逃避神多年，直到他成了流浪汉，与无赖们一起睡在伦敦的泰晤士河（Thames）堤防上。就在那儿，神的爱追上他并且征服了他。在他华丽的诗《天堂的猎犬》中，他描述了这段经历：

① 弗朗西斯·汤普森（1859 – 1907），英国诗人。

我逃避他，日复一日；

我逃避他，经年累月；

我逃避他，在心灵的迷宫中，

在婆娑的泪眼里；

我躲避他，带着四周流动的嘲笑

我冲上两旁植满树木的斜坡，

却被击中，猛摔下来，

直冲向巨大、恐怖的幽暗中，

身后那一双强有力的脚，

却仍亦步亦趋——

雅各的神。

　　神追踪雅各的故事，在圣经中最能清晰阐明这个真理，而它的高潮恰恰在那个不搭调的名号"雅各的神"上。是亚伯拉罕那位万民之父的神？是的！是那位与神面对面、如好友般交谈的摩西的神？是的！是那位讨人喜爱的但以理的神吗？是的！是那位邪恶、贪婪、欺诈的骗子雅各的神吗？千万不要这样！但神不怕连累自己，竟将自己的名字和雅各并排在一起！他甚至还说："雅各是我所爱的……雅各的神是你的避难所……你这虫雅各，不要害怕。"还有什么比一只虫更羸弱、更微不足道呢？然而雅各这只虫，这个毫无可取的人，神的爱却对他紧追不舍，他最后成了一个王子，满有神和人的能力。

神拣选的主权

如果我们要寻找一个人来领导一个国家，以完成一项崇高、神圣的目标，令万国因他蒙福，雅各恐怕会在我们的选择名单上名列最末。豪爽大度的以扫都可以远远超过他。除了神，有谁会选上像雅各这么卑鄙的人？他的性格毫无可爱之处——贪心、不断攫取、诡计多端，甚至卑鄙到趁他哥哥窘迫时偷了他属世的继承权，而且还窃取了他属灵的权柄。因为以扫本该在他父亲去世后继任为那一族的属灵领袖。

要批评雅各，就应该注意到，他的双亲在性格上也有弱点。"以撒爱以扫，因为常吃他的野味"——一个缺乏修养的父亲，竟受制于口腹之欲。利百加以一种纵容、宠溺的爱来爱雅各，她教唆、帮助、怂恿他去欺骗——一个不讲理的母亲，受制于对所偏爱的儿子抱有的一种不纯正的野心。以扫忽视并且轻易放弃了自己的属灵特权。雅各则又狡猾又卑鄙，连自己孪生兄弟的便宜都想占。神竟然拣选了这么一个家庭，来彰显他的慈爱。

雅各的遗传是绝对不利的，但神不受遗传的限制。耶稣的门徒问了有关那个瞎眼的人的问题："是谁犯了罪？是这人呢？是他父母呢？"耶稣回答说："也不是这人犯了罪，也不是他父母犯了罪，是要在他身上显出神的作为来。"（约9：2-3）这就是神选择雅各的关键所在。神拣选了一只虫，好使他能蜕变成一个王子。

雅各弯曲的性格，正提供了鲜明的背景，以展示神那无可比拟的爱，启示他对最软弱儿女的态度。如果神只拣选强壮、尊贵、聪明的人来完成他的计划，那绝大多数的基督徒都不合格了。保罗在那段为人熟知的经文中，为神拣选雅各的行为提出解释：

> 弟兄们哪，可见你们蒙召的，按着肉体有智慧的不多，有能力的不多，有尊贵的也不多。神却拣选了世上愚拙的，叫有智慧的羞愧；又拣选了世上软弱的，叫那强壮的羞愧。神也拣选了世上卑贱的，被人厌恶的，以及那无有的，为要废掉那有的。使一切有血气的，在神面前一个也不能自夸。（林前1：26-29）

一般人不大知道：雅各廉价买去以扫的长子名份时，还是年轻人，未到40岁；当他骗取祝福时，已经77岁了。他一生活了147岁，许多不体面的事件发生以前，他已是个成熟的中年人，不再是毛头小伙子，生活方式已经定型，他一半的人生都在骗人中度过。心理学家会说，他的个性在这么迟的时候已经不可能有任何改变。但神不受心理学定律的限制。即使我们对自己绝望，神也不会对我们绝望。神的耐性永无止境，他的能力永不枯竭。

神深邃的洞察力

神是乐观主义者，能在最无药可救的性格里看到这个人潜在的可能性。他有一双慧眼，专门在那些惹人讨厌的生命中，发现隐而未现的高贵及希望的因素。神是坏脾气的人的神，是性格歪曲之人神，是那些与别人格格不入者的神。只有神才能看出雅各是块做王子的料。他对任何性格或脾气上的问题都有解决之道。当我们将生命降服在他手中，求他完全而彻底地治疗时，他就会以完全的爱和慈悲来处理。

"雅各是我所爱的，以扫是我所恶的"（罗9：13），这是圣经中最令人起争议的声明之一，因为它似乎表示神是反复无常的。我们必须先在心中存有两个事实：第一，虽然这种话我们听来有些刺耳，但"恶"这个字和今日我们所用的意义不尽相同。第二，玛拉基和保罗所用的声明，主要是指国家——以色列人和以东人，他们分别是雅各和以扫的后裔。神拣选雅各并不是基于他的美德或善行，因这个拣选早在他们未出母腹时就决定了（参见创25：23）。保罗断言神"在运行他至高的旨意时，已经宣告只有信心是得儿子名分的永恒原则，而非遗传或功德。在对国家运用'爱'、'恶'等字眼时，我们不能以主观的感觉来看神拣选时的立场。神在选择时不是专横独断的，因此我们不能说他偏心。把这两个情绪性的词用在国家上，不如说是在暗示一国的命运和任务——犹大，而非以东，被拣选在历史上为神进一步启示所用。"

但是，这个声明也可做补充的或个别的运用。神拣选雅各，弃绝以扫，并不是因以扫的举棋不定，而是出于神自己的洞见和眼光。在雅各的卑鄙、口是心非后面，有一股对属灵追求的渴望。以扫生性慷慨、宽宏大量，但在这些可爱的外表后面，埋伏着对属灵事物的轻视。喜爱感官的满足，胜于属灵服侍的操练，以扫是一个再好不过的样本。

除了雅各那昭然若揭的软弱失败，他这种对属灵的渴望，也为神留下余地，使神能持续地追赶和不断地与他来往。对那些因失败而意气消沉的基督徒，这个事实可带来极大的鼓励。人的本性是专门注意同伴们品格中最坏的一环，神却总是寻找最好的一面。神清楚地看见我们内心最深处的属灵饥渴，并且动工以满足它。他所有的惩罚也都是基于这个目的。神向雅各显现5次，每次他都纠正这个顽固之子的一些错误，每次也给他一个自新的机会。

神持久的追寻

"雅各"这名字的意思是"骗子"。"骗子"一词后面的意思是：一个人坚决而无情地追逐仇敌，追上了，将他摔在地上——雅各一生的故事用"骗子"一词就可涵盖了。可是遇到了神，雅各可说棋逢对手——神坚决而无情地追逐他，并在雅博渡口将他摔在地上，于是雅各向慈爱的神俯首称臣。如果神在追赶过程中不是那样恒忍坚持，雅各就不可能成为神的王子，他可能仍旧是一个不可爱、讨人嫌的阴谋家。但自从他头一次在伯特利遇见神以后，神就以无限的慈爱，紧紧追赶他，始终不懈，一直到二十年后他在同样的地方碰见神。神的追逐在四次危机中突显出来。

第一次的伯特利危机，发生在雅各从以扫那儿骗取祝福的时候。以扫的饥饿得到饱足后，他并未意识到孪生兄弟雅各干的勾当将带来的严重后果。当他发现雅各已夺取他的福分，就怨恨他，要在父亲去世后杀他。就在同时，雅各头一回与神相遇。他将头枕在一块石头上，梦见"一个梯子立在地上，梯子的头顶着天，有神的使者在梯子上，上去下来"。接着神对他说话，将雅各本不配得的财富和保护，应许给他。并且又加上保证，地上万族必因他和他的后裔得福。雅各甚是惧怕，说："这地方何等可畏！这不是别的，乃是神的殿……"之后的经文说："雅各许愿……"（创28：17-20）——以后他竟遗忘了所许的愿！但神是不会忘记的。

　　其次就是毗努伊勒危机。是时雅各已年逾97岁。他用了20年的时间，伺候他那蛮不讲理的舅父拉班。神为完成他的旨意，加给雅各的训练倒颇有教育意义。他将雅各交在一个比他更卑鄙、贪心、狡猾的人手中。这么多年来，雅各不停地造假，也不停地被他舅父诬骗。欺诈者被人欺诈，骗人者受骗于人。这个重重的管教，最后导致他的转变。有些人被置于不愉快的家庭环境或不如意的工作中，是否也基于同样原因？是否这也是为什么有些宣教士被放在难以相处的同工中？我们都喜欢愉悦的环境，喜欢和意气相投的人一起工作或生活。但神关心我们属灵的成长，胜过我们暂时的舒适。

　　从这段经历里可再一次肯定，神始终与雅各同在，并祝福他。神未容许拉班伤他毫发（参见创31：7、24、29），我们生活里的拉班也同样不能伤害我们。雅各至少做对了一件事

——他没有逃避神的试炼，直到神的时刻来临。我们很容易对恶劣的环境发怒，并力图躲避它。殊不知如果我们缩短了神的训练，对我们来说常是一种属灵上的损失。当神的计划大功告成时，他自己会把这些操练挪开。我们的性格，可以透过那些难以相处的人和生活中难以应付的事，变得更完全、更丰富。

雅各在回家的旅途中，得知以扫已经在路上等着他。由罪恶感产生的恐惧立刻攫住了他。他并未求告神赐下他曾应允的庇护（参见创28：15），反而采用物质的诡计，将事先预备妥当、精心安排好的礼物一批批地送去安抚他的哥哥。但无尽的追寻仍继续着，"只剩下雅各一人，有一个人来和他摔跤直到黎明"。

是神开始这场摔跤的，而非雅各，但雅各有惊人的对抗力量。显然他以为可以像以前一样逃脱掉，但顽强的压力持续不断。当神要祝福人时，奋力抵抗亦是一件严重的事。神发现雅各毫不让步，便使他的大腿窝扭了筋，从此雅各一生都带着这次可怕的遭遇所留下的印记。当雅各再也无力抗拒时，他用手臂绕住那个和他摔跤的人，要求一定要给他祝福，否则不容许那个人走——好像神为雅各一生所花的心血，不是为了给他祝福似的！

> 那不知名的旅人出现，
> 我抱住他，却看不见他；
> 我以往的同伴相继离去，
> 只剩我单独与他相对。

整晚只有我和他，

摔跤直到天方破晓。

——查理·卫斯理（Charles Wesley）

祝福临到前，雅各必须先打破极度自我的生命。他被迫面对自己人格上的罪和羞耻。"你名叫什么？他说：'我名叫雅各。'"雅各——"阴谋者"、"欺诈者"、"骗子"的意思。他认罪，完全地悔悟，这个忏悔可以说是他整个失败的生命经过过滤后仅存的东西了。虔诚的心往往是祝福的先锋，雅各现在终于完全俯伏在神面前。对他来说，毗努伊勒（"神之面"的意思）代表了对罪恶彻底的承认，以及对软弱的完全自觉。"我面对面见了神，我的性命仍得保全……"他带着敬畏说。也就在毗努伊勒，他领受了进一步祝福的应许："你的名不要再叫雅各，要叫以色列。"以色列就是"神王子"的意思。"因为你与神与人较力，都得了胜。"（创32：28）他因投降，反而获胜。神成功地打破了他的顽固。"他与天使较力，并且得胜，哭泣恳求。"（何12：4）

现在神已除去他那羞耻的旧名，我们该指望雅各从此自新，不辱新名。事实不然，他照旧多疑、奸诈。这些恶习已经根深蒂固，难以拔除，最后把他引到充满耻辱、污秽的示剑危机。因为害怕以扫，他并没有继续回家的旅程，反而在示剑支搭帐篷。他的亲戚罗得，曾在所多玛犯相同的愚昧罪行。雅各和他一样，因为不信，付上极大的代价。悲剧临到他整个家庭，只因他想用自己的诡计逃脱麻烦，却没有信靠那曾向他显现两次的神。接着发生的是强奸、谋杀及恐怖事件。遗忘所许的愿，或降服后又反抗，都是要付上相当代价的。

从神第一次捉住雅各以来，已过了二十年。神真该早就放弃这么一个固执、叛逆的人，但神不是人，他的爱不是忽冷忽热的。他不但未放弃他，反而再一次以慈爱去寻访他。"起来！上伯特利去，住在那里，在那里筑一座坛给神，就是……向你显现的那位。"（创35：1）这是第二次伯特利危机。

这一回，神二十多年来的管教总算奏了效。雅各毫无踌躇，立刻召集家人，兼程赶往伯特利。"神又向他显现，赐福与他。"神打算祝福他的子民时，是完全不屈不挠的。雅各再一次听见神说"从今以后不要再叫雅各，要叫以色列"（创35：9-10）。这回雅各没有再使他的新名字蒙羞，他不再回到以往的诡诈欺骗中。神的训练显出果效，雅各这条虫找到了通往神宝库的门径，那儿聚集的都是《希伯来书》11章里提及的信心伟人。"罪在哪里显多，恩典就更显多了。"（罗5：20）

人和人之间其实没有根本上的差异，都或多或少受到诱惑的影响。在面临如珠宝、骄傲、野心、金钱、性等常见的诱惑突击时，绝大多数的人会败下阵来，他们远远落在自己理想的标准之下。同样的旧罪一而再、再而三地复发，凝聚成力量，控制住他们。终其一生，同样悲惨的失败或性格上的缺点，像警犬一样，紧追着他们不放。连续不断的败北，终必导致绝望。

魔鬼释放的是绝望的信息。但在雅各之类的人的生命中，神释放的是痊愈的信息。雅各的神，对那些一再败下阵来的基督徒们来说，是一个善于给"第二次机会"的神。第二次的机会虽然逃不开过去失败经验的影响，但失败也可能变成通向成功的踏脚石。对神的儿女们，失败具有重要的教育价值。神是连失败也不会轻易浪费的。

从雅各的生命里，可以学到一个鲜明的教训，那就是：没有任何失败是无可挽回的。雅各的神，对任何个性、任何脾气的人都抱有希望。过去的失败，绝不能拦阻未来的胜利。当神拯救并且捉住一个人时，他以不屈不挠的毅力追踪他，以便赐福给他。他不会让那些失败而又悔改的人失去上好的福分。如果神因为彼得的失败就把他开除，我们就不可能有这么一位在五旬节时大大圣灵充满的传道人了。神在我们每一次失败后，重新创立一个更宽广的事工，好叫我们面对魔鬼，转败为胜。

第四章
神怜悯的管教

❦

"那耕地为要撒种的，岂是常常耕地呢？"

（赛28：24）

读经：《以赛亚书》28：23-29

"让他耕地吧！他的目的乃在收获。"这是塞缪尔·拉瑟福德（Samuel Rutherford）[1]在管教临到他时的反应，这也显示他对神的管教有正确的认识，这种态度最能使人从神的管教中领受益处。生命中的操练可能带来痛苦，但绝非毫无目的。"凡管教的事，当时不觉得快乐，反觉得愁苦，后来却为那经练过的人结出平安的果子，就是义。"（来12：11）我们若渴望收获，必须欢迎管教。

本章的主题经文是以赛亚最伟大的预言之一。亚当·史密斯（G. A. Smith）说："这段经文因它丰盛、多变的形式而别具特色，这也使它的作者成为希伯来先知中的佼佼者。对人性的敏锐分析，对罪和审判的实际对比，聪明的反驳和讽刺，迅速的嘲笑和利落的判断——却以可爱的比喻，好像一条平静的小溪，做最后的结束。"这个"可爱的比喻"，用农夫的耕种

---

① 塞缪尔·拉塞福德（1600-1661），又译"山姆·罗得福"，苏格兰改革宗神学家。

方法比喻神对付国家、社会和个人的方法。

以赛亚特别指明神的这些特性，神利用它们以便更容易与人类交往。"因为他的神教导他务农相宜，并且指教他。"（赛28：26）"这也是出于万军之耶和华，他的谋略奇妙，他的智慧广大。"（赛28：29）神不单单是生命中的实验家，他也不被无定性、偏见所摇动。神的每一个行动，都以至高的智慧为指引，并且以最深的爱心实践，而又充满绝妙的洞察力和辨别力。神所采用的各样方法，都最适合去达致他心目中最终的目标。只要我们正确地接受，必可预期一个丰富的收获。

当农夫审慎地在农事的三个主要环节（耕地、撒种、收割）上作出判断时，他表现的技巧不过是反映了神的技巧和智慧，因为是神教导他的。以赛亚争论说，若这农夫表现了他精准的辨别力及对作物的细心照管，那么指教他耕种的神，在收割我们的生命这一件更为精致的事上，难道就会比农夫缺乏辨别力吗？

神的管教因人而异

虽然天上这位庄稼的主人，允许悲哀和痛苦的犁头、耙子来撕扯他儿女的生命，但这一切都有一只无比巧妙的手在领导和控制。而他总不离开他最终的目的——收获。以赛亚使用种庄稼的三个主要环节，说明神在操练、塑造我们的灵命时所运用的智慧。

若把耕地、撒种、打谷这三个连贯的操作，比作生命中的锻炼，我们就可以从这个比喻中得到三个真理：

神知道该持续多久

"那耕地为要撒种的，岂是常常耕地呢？岂是常常开垦耙地呢？"（赛28：24）当然不是，"因为他的神教导他务农相宜，并且指教他"（赛28：26）。耙地只是达致收获的一个方法，目的达到了，自然就停止耙地。在以色列的历史上，可以看到神的远见。有430年之久，埃及的暴虐统治像耙子一样，耙在希伯来人这块僵硬的土地上。虽是毫无盼望的不毛之地，神却看出了丰收的潜在可能性。若不经过耙地，就不可能有收获。一旦埃及暴君的鞭子达到了他管教的目的，神就立刻将它挪开。神的计划完成后，绝不让自己的子民在他们主人的压迫下多受一天的折磨。他们一预备好离开，神就开始引领他们进入迦南的安息、丰盛和胜利里。但只有严酷的管教，才能促使他们脱离埃及。

熟练的农夫可以看出两块土地的差别。松而多沙的土地只需要轻轻犁翻，硬而贫瘠的粘土若用来种植作物，就需要另一种方法处置：它必须暴露在阳光下晒干，犁头要尽量往下犁，直触到下层土。土壤要再三地耙，一直到泥块粉碎，土地适合耕种，撒下的宝贵种子才会萌芽生长。农夫知道该犁多久，他不会一直犁下去以致破坏了土地。他按照每块土地不同的需要照顾它们。这不正解释了为什么痛苦、悲伤、试炼会有差别吗？这位天上的庄稼主在他管教的应用、时机、持续时间上头，是靠得住的。因这些管教都经过他爱的许可，我们在他手中可以安然无恙。

管教常是为祝福铺路的，只要我们适当地接受它，它就会为我们带来祝福。我们的责任也就在此。不能消化的食物是有毒的，绝不是祝福。管教若未经适当地接受，也只会使我们的性格腐化，而不是变得更可爱。当磨炼的打击来临时，动不动就问"为什么"等于是在指控那位全然智慧、充满爱心的神任性。他并不是为了展示自己的大能和权威而撕裂我们的心，而是为了更伟大的目的。他砍去不结果子的树枝，为的是增加产量。管教是有目的的。我们该如何面对神的犁头？它是在软化、驯服、磨炼我们，还是使我们抵抗神旨意的心更坚硬？它使我们变得更甜美，还是更讨人厌？

我们对家庭问题、经济困难、受苦、失望、抱负受挫、希望落空的反应都是很重要的。如果我们顺服下来，知道反抗无济于事，总比一味抵挡要好的多。如果我们默默接受神的处置，虽然暂时没有喜乐，这种态度也是比较好的。然而，如果我们以歌唱欢然接受神那未加解释的旨意，神就最能得荣耀，我们也可以得最大的祝福。塞缪尔·拉塞福德被困在阿伯丁（Aberdeen）监狱中时，喜欢在信件的上方写上"神的宫殿，阿伯丁"。

盖恩夫人（Madam Guyon）是一位教养良好的法国妇女，她曾在1695至1705年间因信仰身陷牢狱。她没有对自己的被囚大发牢骚，反而欢欢喜喜地接受神的旨意，视为是她的祝福。

"当我被关在芬康耐士（Vinconnes）时，"她写道，"我在极大的平安中打发时间。我满怀喜乐地唱歌，每次我刚刚完成一首曲子，照管我的女仆就已听熟、学会唱了。于是我们一起高唱《赞美我神》。监狱墙上的石头在我目光中闪耀，好像红宝石一样。我心中洋溢着喜悦，这喜悦是神在爱他的人身陷患难时赐给他们的。"

约伯一生经历了犁头的破碎，他的反应叫设下圈套想使他因失败而抵挡神的那仇敌噤若寒蝉。撒旦对约伯这段高贵的声明，也不禁哑口无言："赏赐的是耶和华，收取的也是耶和华；耶和华的名是应当称颂的。"神对约伯的信心得到充分的证明。"我们这至暂至轻的苦楚，要为我们成就极重无比永远的荣耀。原来我们不是顾念所见的，乃是顾念所不见的，因为所见的是暂时的，所不见的是永远的。"（林后4：17-18）我们若将目光从眼前的事物上挪开，转向永恒，就能正确地解释生命中那些管教的经验。

他谨慎地选择

"他拉平了地面，岂不就撒种小茴香，播种大茴香，按行列种小麦，在定处种大麦，在田边种粗麦呢？因为他的神教导他务农相宜，并且指教他。"（赛28：25-26）谨慎的农夫会运用最佳的辨别力，去评估他的种子，选择它们的环境。他用的方法绝不会毫无目的。给予种子越多的有利环境，废弃在角落不生长的种子就越少。小茴香和大茴香是用来做调味料的细小种子，若和主要农作物如小麦、粗麦比起来，就显得不重要了。农夫总是要估量什么作物最能使他获益，以及他如何能从他的土地上得到最高的收益。

神也是如此，他从不浪费管教的机会，知道哪些种子可以产生最丰硕的收获。每一次管教都是透过他无限的智慧精心安排的。他将我们的生命看做永恒的田地，他同时关注种子和土壤。他对我们所做的一切都是正确的，而且是在正合适的时机，分秒不差。他既然能合宜地指教农夫，在耕种一个人的心时，岂会稍减他的智慧呢？他的选择绝无差错，不管是耽延或否定，扣留或撤回，顺遂或艰难，喜乐或痛苦，在他视野里总是有一个收获的目标。

我们估量相关价值及决定优先次序的时候，难道还不如农夫谨慎吗？这也是暂时和属灵两方面成功的关键所在。我们种的是什么，收的也是什么。如果我们在生命的田地种下浅薄的、世俗的事物，它们长出来就是这幅面貌。与此相对，若我们种下重要的、属灵的事物，就会得到满是圣洁和喜乐的丰盛收获。

他是适度、体贴的

"原来打小茴香，不用尖利的器具，轧大茴香，也不用碌碡；但用杖打小茴香，用棍打大茴香。作饼的粮食是用磨磨碎，因他不必常打；虽用碌碡和马打散，却不磨它。这也是出于万军之耶和华，他的谋略奇妙，他的智慧广大。"（赛28：27–29）

农夫留心种子的本性就和注意种子的价值一样，他也按照种子的性质不同而使用不同的打谷用具。若对每一种种子都使用同样方法，则可能造成无可弥补的损失，或使某些作物的外壳无法打脱。他必须控制时间的长短，分毫不差，这样才能达到预期的目标。小茴香用杖轻打就绰绰有余，小麦却需要用磨橇——一种重型的打谷机。凭着知识和经验，一个农夫绝不会在运用打谷方法时，用得过度。一旦种子外壳脱离，打谷过程立刻结束。

神在他儿女的生命中收割时，所用的方法也是一样的顾虑周到、适可而止。如果一根轻棒子就能达到目的，他就不会去动用磨橇（英文"苦难"一词由此而来）。他的目标不是去压碎、摧毁谷粒，乃是使它们纯净，得以储存。如果他送来苦难，那是因为没有其他的方法可以产生效果。他绝不在必要之外，动用更多或更长的压迫力。所有管教的目的都在丰饶的收获。属灵的人应该欢迎苦难，如果这苦难能为神产生丰收。保罗说"在患难中也是欢欢喜喜"，他确实知道自己所指的是什么。从没有人的性情像保罗这样敏感，也很少有人像他经历过这么多责罚的鞭笞。

神管教人的目的

神对付人的方法，在本质和时间上都有许多的变化。没有哪两个人接受一样的待遇。神知道每个人性格上的特点，然后反映在他管教的方法中。

　　神的处置有三方面目的。

个人的——栽培灵魂

　　我们是什么比我们做了多少重要得多。神极关心我们"像基督"的品格的发展，他认为每一个基督徒都应该"成为他儿子的形像"。即使他的儿子，也为了担任他大祭司的职分，而必须经历人世的磨难，以达到成熟的境界。没有其他的替代品。如果没有管教，或对管教不加理睬，一个人在成为圣洁、学像基督这方面就不能有所收获。

　　圣经记载，主慷慨地将恩惠施给他的子民时，他们的反应不是感激，而是背叛。"耶和华使他乘驾地的高处……又使他从磐石中咂蜜，从坚石中吸油；也吃牛的奶油，羊的奶，羊羔的脂油……与上好的麦子……但耶书仑渐渐肥胖……踢跳，奔跑，便离弃造他的神。"（申32：13-15）

　　人的品格常常不均衡地发展。何西阿说"以法莲是没有翻过的饼"——一面烤得太熟，另一面却是生的。神对部分的成圣是不满足的。他不满足于基督徒在某些方面过度发展，而在其他方面又嫌欠缺。为了矫正这种不平衡，他将试炼的火加在我们品格上发育不全的那一面。

相对的——为他人提供食物

　　"作饼的粮食是用磨磨碎的。"这是英王钦定本圣经的译文，毫无疑问这是对的，但并非指在打谷的过程中将之磨碎，否则会价值尽失。美国标准译本的翻译可能较准确："作饼的谷粒是磨碎过的，因为他不必总是在打谷。"（赛28：28）农夫实在需要先用磨橇来磨碎谷粒。带壳的谷粒因不适于人们食用，所以需要将外壳打脱。一旦壳打掉了，就将谷物送入磨碎、碾细的过程。

> 作饼的谷物是磨碎的！
> 我的灵魂，不要战兢，
> 害怕拔扯或束缚，破碎或碾细。
> 神打破的心，他加以补全，
> 未经脱壳，而扔在一旁的谷物
> 无法供应人们的需要。

我们的救主"为我们的罪孽压伤"，这样他才能成为我们生命的粮，供应我们。"学生不能高过先生，仆人不能高过主人。学生和先生一样，仆人和主人一样，也就罢了。"（太10：24-25）。这样我们就不该稀奇，破碎自己乃是属灵事工上必付的代价。

最终的——为天国预做准备

今生的生命只是天国的幼儿园，神要我们在这基本的属灵功课上更加进深。因此，若没有十字架，就没有冠冕；若不负轭，就不能享安息。我们常常学得很慢，要一而再、再而三地学习这个功课。

亚历山大·怀德（Alexander Whyte）写道："当我们想

到，这是神手中唯一存到永远的工作，我们就不会奇怪，神为什么如此留心处理人的品格，以及他为此花上这么大的代价。确实，短暂的生命可为永恒服务，并调和在永恒的潮流中。然而我们所拥有、所追求的事物都要枯萎、毁坏。财富、荣誉、财产、各种享乐，在神用手一挥、死亡临到时，这些都将如飞而去。我们一生拼命争取的各样东西，到时也不过装进一具棺材，变得一无所值。"

第五章
神完全的能力

"我的能力是在人的软弱上显得完全。"

（林后12：9）

读经：《哥林多前书》1章25节至2章5节

《哥林多后书》12章7–10节

　　对于软弱和缺乏，神和人的观点是有显著差异的。我们把它当作遭遇难处时退缩的借口，神却利用这些特质来解决难处。我们总认为自己太软弱了，神却断言，他就是因我们软弱才拣选我们。我们发现那些站在前哨的神之精兵，并非聪明、健壮、尊贵之人，反而尽是愚笨、软弱、默默无闻之辈。原因何在？乃是因为这样就没有人能在神面前自夸，神的能力就在我们的软弱上显得完全。"弟兄们哪，可见你们蒙召的，按着肉体有智慧的不多，有能力的不多，有尊贵的也不多。神却拣选了世上愚拙的，叫有智慧的羞愧；又拣选了世上软弱的，叫那强壮的羞愧。神也拣选了世上卑贱的，被人厌恶的，以及那无有的，为要废掉那有的。"（林前1：26–28）

涉及的原则

这里涉及一个重要的属灵原则，想要被神重用的人必须熟悉：神为贯彻他的计划，并不限于仅仅使用那些具有极大恩赐或特殊智慧之人。事实上，只有在他们放弃依赖自己的天赋时，神才会用他们。历史上神拣选并使用平凡之辈，都因他们不寻常地依靠神，为神预留空间，好让神的大能运行无阻。当他们满足于一无所有时，神就成为他们的一切。那些才华横溢之辈，只有在不依赖自己的能力、本领时，神才会拣选、使用他们。

在上面提到的经文里，保罗并不是说，神在供他差遣的人中故意使用最差劲的人来成就美事。他审慎地选上了他们，而略过那些聪明、能干、尊贵的人，只因后者不肯放弃自己的天赋、资格，而想依赖这些来获取属灵的成就。这实在是一个具有挑战性、革命性的思想——尽管我们软弱、贫乏，神还是用我们，更因我们软弱、缺乏，他才使用我们。他决不使用我们特殊的恩赐和出众的条件，除非我们先停止依赖这些。人类的软弱，为彰显神的全能提供了最佳的机会。

过分看重才能和资格，往往使许多优秀、有潜能成为宣教士的人，关闭了他们到海外宣教的门。"他们会留下来为任何可以保证利用他们技术的社会效命，"赖恩融（L. T. Lyall）[1]写道，"这样做必会使他们的家人和朋友满意，因为这样他们为取得这些资格而长期苦读及付出的努力才算没有白费。当然，

---

[1]　赖恩融（1905–1996），英国来华宣教士，英文版《宋尚节传》（*John Song*）的作者。

神允许他们接受这种训练，一定是要他们学以致用的！然而亚伯拉罕并没有定下这种条件，保罗也没有，甚至从那时迄今任何杰出的宣教士也都没有。他们大多是任由自己的才干训练落入地里死了，而他们自己却成为硕果累累的宣教士。主所要的是无条件的跟从。一个基督徒必须顺服在命令之下，在尚未跨出脚步前，不应该先要求看清前面的道路。我们该做的只是服从无所不知的神，随他安排，他知道什么地方最适用我们的才干。如果一再要求保证自己的才干可以得到最大的发挥，这种常见的态度显示那个人对基督的主权缺乏完全的顺服。如果我们相信神已经在训练过程中给了我们一个特别的职份，当他似乎是暂时或永远将我们的才干搁置一旁时，我们难道就不信任他了吗？"

"我的能力是在人的软弱上显得完全……"这是神给保罗的信息。"我什么时候软弱，什么时候就刚强了……"这是保罗的见证（林后12：9-10）。属神的英雄常被描述为"软弱变为刚强"（来11：34）。

威伯福斯（William Wilberforce）是一位伟大的基督教改革者，他曾参与促使大英帝国释奴的运动。此人五短身材，孱弱不堪，一阵强风就足以将他刮倒。但有一次，包斯威尔（Baswell）听他在公共场合演讲，宣讲他的理想。事后包斯威尔说："本来我只看见一只小虾米登上讲台，但是当我继续听下去时，他似乎在我面前越长越大，最后虾米变成了鲸鱼。"

"那实在是一个惊人的发现！"斯图尔特（J. S. Stewart）[1]写道，"神选择来建造他国度的，所靠的是人的软弱、卑微，而不是人的力量、自信。他不仅不在乎我们的平凡、无助、条件不够、默默无闻，而且正因这样，他拣选我们。当一个教会或一个人将软弱（而不是力量）献给神，让他拿来做武器时，就没有什么东西能摧毁他了。这也是方济·沙勿略（Francis Xavier）和克里以及使徒保罗的做法。'主啊！这是我属人的软弱，我将它献出以荣耀你。'这战略毫无反驳余地，而这场胜利乃是胜过了全世界。"

原则的说明

我们的问题不是自己太软弱了，而是对神来说，我们过于强壮。圣经这样描述乌西雅："因为他得了非常的帮助，甚是强盛。他既强盛，就心高气傲，以致行事邪僻。"（代下26：15-16）雅各与天使摔跤，大腿窝被那位神圣的对手触摸，失去力量之后，才变成满有神和人能力的王子。正如《以赛亚书》33章23节所说"瘸腿的把掠物夺去了"一样不可思议。神叫我们的障碍成为助力，我们的绝境就是神最佳的机会。

慕迪一生未受过正规教育，他写的信件（许多迄今仍保留着）常是错字连篇。他的外表可谓其貌不扬，说起话来语音尖

---

[1]　詹姆斯·斯图尔特（1896-1990），苏格兰国教教会牧师，爱丁堡大学神学教授。

锐，带着浓厚鼻音。但这些缺陷并没有妨碍神使用他震撼了两
大洲的人。有一位记者被报社派去，报道慕迪在英国举行的布
道大会，会中许多贵族、贩夫小民纷纷决志归主。他也负责调
查慕迪能力的秘诀。经过一番审慎观察后，他报道："我实在
看不出慕迪是靠着什么成就这么伟大的工作。"慕迪看了这篇
报道后，莞尔一笑说："靠什么？这就是整个运动的秘诀所在
啊！除了神的大能，没有别的可以解释。这个工作是神的，不
是我的。"

> 何等隐秘、喜悦的发现！
> 一切工作超过我们能力所及，
> 就因此，若有任何美事成就，
> 所有赞美归他，不归我们！
>
> ——赫顿（F. Houghton）

但神并不局限于使用世上像慕迪、克理这样才疏学浅之
辈，看看神如何使用使徒保罗！保罗可以跻身智慧、有能力、
尊贵的人之列。知识、热心、严密的逻辑……他几乎样样具
备，但他丝毫不依赖这些。"弟兄们，从前我到你们那里去，
并没有用高言大智对你们宣传神的奥秘。因为我曾定了主意，
在你们中间不知道别的，只知道耶稣基督并他钉十字架。我
在你们那里，又软弱，又惧怕，又甚战兢。我说的话，讲的
道，不是用智慧委婉的言语，乃是用圣灵和大能的明证。"
（林前2：1-4）他拥有一切，却甘心放弃依赖他出众的天赋和
训练，单单依赖那永不匮乏的神。

摩西的例子也可用来阐释这一原则。作为一个年轻、学识丰富的王子，他真是自信十足，企图赤手空拳地解救他受压迫的同胞。但他尚未装备齐全，难以完成神的旨意，所以他从埃及被放逐到"旷野大学"，整整上了40年的课！他深深体会了人的软弱，饱尝艰辛，以致神呼召他时，他裹足不前。他提出了7点理由解释为什么他不能遵守神的旨意，这7点都是基于他个人的软弱和缺乏。

摩西发现自己"不够格"的理由包括：缺乏能力（参见出3：11）、缺乏信息（参见出3：13）、缺乏权威（参见出4：1）、缺乏口才（参见出4：10）、缺乏配搭（参见出4：13）、缺乏过去成功的经验（参见出5：23）、缺乏被接纳的前例（参见出6：12）。恐怕再也找不出比这个更详细的单子了！但这样并不讨神的喜悦。他自以为的谦卑、犹豫，触动了神的怒气。"耶和华向摩西发怒。"（出4：14）事实上摩西拿来当借口的那些弱点，正是神之所以拣选他的原因。现在倒空一切自信，完全不靠自己后，他才能开始专心倚赖神。

对于摩西的每一项弱点，神都有一个满意的答复和适当的供应。人常常忽略一个因素：神的呼召必然伴随着所需的一切装备。当摩西的弱点把他逼得必须完全依靠神无限的能力时，这些弱点就成了神的武器。当我们问"谁有足够的能力做成这些事"时，可能只是不信的绝望表示，但信心可以愉快地回答："我们的能力乃在乎神。"

基甸和300名勇士得胜的故事，亦可从另一角度来阐释此一原则。他回答神呼召时的态度，正是自觉不足的绝佳例子。
"主啊，我有何能拯救以色列人呢？我家在玛拿西支派中是
至贫穷的，我在我父家是至微小的。"（士6：15）但神用必
胜的应许和印证的神迹来鼓励他，他终于接受了这项呼召。
前来跟随的有3.2万人，比起13.5万的米甸军队，真是小巫见
大巫。即使如此，神仍觉得他的随从过多（参见士7：2）。
经过勇气测验，淘汰了2.2万人。但剩余的1万人"人还是过
多"（士7：4）。再经饮水测验，最后只剩下300个热切、训
练有素的壮丁。基甸的部队和敌人的比例现在是以1对450。
神没有用最精良的武器装备他们，却叫他们以角、火把、空
瓶为武器。可曾有其他军事计划这样荒诞可笑的？但这些神
拣选，又肯顺服的人，那天打了胜仗。全营的敌人，在他们
面前乱窜、叫喊、逃跑（参见士7：21）。永在的神，弥补
了他们人单势孤、武器简陋的缺点。基甸部队完全的软弱，
成了神克敌制胜的武器。为什么神要基甸将人的力量削弱？
"免得以色列人向我夸大，说：'是我们自己的手救了我
们。'"（士7：2）这类似保罗所说："使一切有血气的，
在神面前一个也不能自夸。"（林前1：29）

　　"这是神的计划……世人应该明白，基督教信仰——个
人信心的得胜、教会的进展、宣教的推动——不可能用人的美
德、才干、能力来解释。因为你若观察参与这些事工的那些
人，就知道这样的解释何等荒谬。唯一可能的解释，只有是出
于那超乎自然的神。"

原则的证明

塔克（Francis de L. Booth Tucker）是英国派驻印度办事处一位优秀的年轻文官，他身居要职，升迁在望，但他遇见并且听从了主的呼召。他开始不满目前以自我为中心的生活，渴望为周遭那些道德、灵性都贫乏的人做更多的事。他听说新近成立的救世军组织以及他们对英国下层社会的惊人影响，便毅然辞掉工作，加入这个新兴的运动。他前往英国，接受一段时期训练，然后以救世军宣教士的身份重返印度。他虽然做了最大的牺牲，仍无法打破自己和有迫切需要的印度人之间的鸿沟，无法达成当初他抛弃世俗名利所追求的理想。经过多次祷告后，他决定换上当地人的服装，像当地僧侣一样随身携带一个乞讨的碗，并靠穷人的布施过活。

他与一位同伴相偕开始新的冒险，赤足在盛夏炎热的道路上旅行。那些从未穿过鞋子的土著们早已对酷热习以为常，但塔克和他的同伴很快就发现他们的双脚出满了水泡，步履维艰。一天午后，他们终于抵达了一个村庄，心想至少可以得到一点水和食物，谁知却被村人拒绝进入村内。两人沮丧极了，颓然倒在一棵树下，昏昏睡去。这时四周围拢来了一群人，有一个人发现他们满脚的水泡，大为惊异，说："这两人一定很关心我们，才会吃这么多苦来传福音。他们一定是好人，我们却错待了他们！"这两位宣教士睡醒后，即被村人邀进村里，人们给他们包扎双脚，用丰盛的饮食招待他们。随后他俩趁此良机向那个恶名昭彰的部落传讲福音。这次事件启开了一个运动，先后促使2.5万人归主。并非他的聪明，而是他的软弱，敲开了这些村民的心。当他软弱时，他就成了强壮的。他的软弱成了神的武器，神的能力在他的软弱上显得完全。

第六章
神恨恶的大罪

"耶和华所恨恶的有六样……就是高傲的眼……"

（箴6：16-17）

读经：《以赛亚书》14章12-15节；

《以西结书》28章11-19节

　　圣经没有说明罪是如何进入宇宙的，却告诉我们罪如何进入我们的世界，且在我们未感觉它的存在前，罪就已经发生了。这是圣经启示的特色。它不告诉我们所想知道的一切事，只告诉我们应该知道的事，好用来应付生活的问题，胜过罪恶和环境，过得胜的生活。我们不必要知道罪的原始根源，却该知道罪的基本性质和特质。自从我们的祖先犯罪，罪已经为这世界蒙上一层阴影。

　　《创世记》里，最早有关罪的试探是由魔鬼而来的，他自己也是从原先崇高的地位堕落的。两段旧约经文显明了他罪恶的天性（结28：11-19；赛14：12-15）。这两段经文主要是指着推罗王和巴比伦王说的，但经文的意义很明显不是只限于指这两个人。《以西结书》记载："你无所不备，智慧充足，全然美丽。你曾在伊甸神的园中，佩戴各样宝石……你是那受膏遮掩约柜的基路伯……你从受造之日所行的都完全，后来在你中间又察出不义……因你亵渎圣地，就从神的山驱逐你……你因美丽心中高傲……我已将你摔倒在地。"（结28：12-17）我们主的话与此多么相似："我曾看见撒旦从天上坠落，像闪电一样。"（路10：18）

以赛亚也记载："你何竟从天坠落？……你心里曾说：'我要升到天上，我要高举我的宝座在神众星以上；我要坐在聚会的山上……我要升到高云之上，我要与至上者同等。'然而你必坠落阴间。"（赛14：12-15）

这两处经文在历史上的意义，并不能涵盖它非凡的叙述所含的丰富内容。毫无疑问，应该有更深刻的意义。这种启示真理的方法在圣经里比比皆是。例如《诗篇》里面有关弥赛亚的诗，表面看来诗人显然是指自己说的，但整体看来，是在论到弥赛亚（参见诗2，22，110）。这点在圣经他处亦可得到证明。因此我们有理由下结论，上述两段经文可以应用在撒旦身上。他本居于神宝座的监护者和保护人的崇高地位，拥有靠近公义日头的无上荣耀。

什么导致他的坠落？乃是骄傲。这项基本的罪使他竟想建立起自己的宝座。他没有恪尽其职地保护神的宝座，反而击打它，想废黜那位全能者。骄傲导致自我抬举，借着任意妄为表现出来。他罪的本质是想要从神那里独立。骄傲是自私的灵产生的一种自负，只想争取毫无限制的独立。"我要高举我的宝座……我要与至上者同等。"这是基本的罪，想要利用神自立为王。

撒旦被贬到地上，在他被摔落后，就从人手中夺去了统辖世界的王权。在伊甸园里，他播下同样可悲的罪恶种子。他这样承诺："你们吃的日子……你们便如神能知道善恶。"（创3：5）将这话与"我要与至上者同等"拿来比较看看。撒旦因骄傲堕落，亚当和夏娃因骄傲跌倒，进而连累了他们的子孙，你和我也因骄傲跌倒。这个基本的罪是其他每一项罪的根源，它使我们想要做自己生命的主宰，从神那里独立出来。既然如此，难怪教会编纂的罪恶名单中，骄傲总是名列榜首。

神对骄傲的憎恶

没有其他罪更令神恨恶和嫌弃了。肉体的罪固然可恶，并且会带来社会性的恶果，但神抨击这类罪时，没有像他提及骄傲时那样猛烈。

心里骄纵的，我必不容他。（诗101：5）

他却从远处看出骄傲的人。（诗138：6）

耶和华所恨恶的有六样，连他心所憎恶的共有七样，就是高傲的眼……（箴6：16-17）

那骄傲……都为我所恨恶。（箴8：13）

凡心里骄傲的，为耶和华所憎恶。（箴16：5）

骄傲在败坏以先；狂心在跌倒之前。（箴16：18）

眼高心傲，这乃是罪。（箴21：4）

骄傲的必屈膝。（赛2：17）

神阻挡骄傲的人。（雅4：6）

实在没有必要再用其他的文字来表达神对骄傲、自大、自夸、狂妄的恨恶与憎厌。这些都是他憎恨的。神所恨恶的，我们可以宽恕吗？神所厌弃的，我们可以容纳吗？神与骄傲是敌对的，并且神远离骄傲。在神与骄傲之间，毫无妥协的余地，但是忧伤痛悔的灵，神不轻看。

骄傲的本质

出现在《雅各书》4章6节的"骄傲的人"一词，可以按字面意思解释做"自认为高人一等的人"。这对神和人都是一种侮辱。希腊人也讨厌它。狄奥非特拉（Theophylact）称骄傲为"众罪的大本营和极致"。

骄傲是奉自己为神明，看自己过于所当看的，将该属于神的荣耀夺过来归自己。骄傲促使乔黑·西门（Rabbi Simeon Ben Jochai）①说的话还真够谦卑呢！——"若这世上有两个义人，那就是我和我的儿子。若只有一个义人，那就是我。"骄傲也使尼布甲尼撒王沦落到与野兽同列。德国最后一位皇帝的侍从曾说："我不能否认我的主人是个自以为了不起的人，他一定要在每一件事上做中心人物。如果去参加洗礼，他就想当那个受洗的婴孩；如果去参加婚礼，他就想当新娘；如果他去参加葬礼，他恨不得能当那个死者。"

---

① 1世纪著名的拉比。

骄傲的另一个特性是从神那里独立。这也是亚当心中的罪恶。他不依赖神，反而想变得和神一样，因此令整个人类败坏了。骄傲的人既不想从神也不想从人蒙受什么恩惠，完全自我满足，和神儿子的态度恰恰相反。耶稣说："我凭着自己不能作什么。"（约5：30）耶稣以依赖他的父为荣耀，骄傲的人却以独立自恃为荣。

骄傲也包括对别人的歧视。"神啊，我感谢你，我不像别人……也不像这个税吏。"（路18：11）它将别人都贬低为生命中微不足道的小角色。它利用别人以展现自己的光彩。骄傲的人看别人都比自己低，都是些凡夫俗子。他不但没有看轻自己的骄傲，反而蔑视他人，觉得别人的身价都不如自己。

骄傲的本性是竞争的。路易斯（C. S. Lewis）[1]指出：没有人单单是因为富裕、聪明、漂亮而骄傲，人骄傲是因为他比别人更富有、更聪明、更好看。当然，比较的结果，总是对发起做比较的那一方有利。

骄傲的表现

骄傲可以存在于每一种脾气中，可以渗透进每一个情景中。它的可塑性相当惊人，可以随意变为谦恭或张狂。在每一种个性中，它都以一种形式存在着。我们该自问，我们的骄傲是属于哪一种特别的形式？是以脸孔、种族、地域、恩典为傲呢？还是以知识、成就、成功、技巧等为骄傲？

---

[1] 路易斯（1898–1963），又译"鲁益师"，英国知名作家，神学家。

有一种骄傲是知识性的，因为"知识会膨胀"。这也是那些才气焕发的哥林多人特有的诱惑，他们以更有智慧为傲。论到"膨胀"的事有八处，其中七处出现于哥林多书信中。这种形式的骄傲是对那些思维能力有限，或没有机会接受进一步教育的人，心存无礼的优越感，并借之显扬自己。它可能在学生的身上大大地滋生。对他们而言，一望无涯的知识世界正对着自己敞开大门。但他们还没学会，真正的知识能引致谦卑，而不是傲慢。狄更斯（Charles Dickens）却迥然不同。第一次碰见他的人，怎么也不会猜到他就是那位当代最负盛名的文学家。

在东方，我们撒下种族的骄傲，现在正自食其果。怀有这种可恨态度的人，没有弄清楚种族和文化的差异，不管在哪一方面，都没有必要牵涉到何者较低劣。真的，我们与异族的人接触越多，就越容易发现：我们那自吹自擂的优越感，真是毫无立足之点。

还有社会的骄傲。人之所以出生在社会地位高的家庭中，根本是偶然的，不能自居其功。心存此种骄傲的人却歧视那些无法挤入某一特殊圈子的人，他们不明白高贵的人格并非某一阶层或团体的专利品。查尔斯·兰姆（Charles Lamb）①一次向一个自大的人打招呼："先生，恕我冒昧：您是不是觉得自己超凡脱俗？"

然而最令神厌恶的还是属灵的骄傲，因领受的恩典感到

---

① 　查尔斯·兰姆（1775–1843），英国散文家。

骄傲。很可能我们会为了神托付给我们的恩赐而趾高气扬、不可一世，却忘了这些都是我们所领受的，没有一样是我们自己的。恩典乃是一个礼物，是我们本不配得的恩惠。我们甚至会为了我们那篇讲到谦卑的讲章是那么华美、智慧而感到骄傲。但最好的镜片，是叫人感觉不到玻璃的存在的。麦克尼尔博士（Dr. John McNeill）提到一位妇女，有一次在他结束有关谦卑的讲道时，这位妇女向他走来。"是的，麦克尼尔博士，"她主动地说，"谦卑正是我的长处！"

骄傲显明在过度的固执己见上。被骄傲支配的人，在供奉自己的庙堂中膜拜。就像那喀索斯（Narcissus），当他望见水中的倒影，立刻被自己迷住了。他看见自己美丽的影子，还以为是水中的女神，不禁爱上了"她"。他迷恋到一种地步，当他无法得到这个爱恋的对象时，就只好自杀了。他正是这一类有自恋狂的痴人的最佳样品。

一个固执、骄傲的人，渴望并且汲汲啜取恭维和赞美，因为这些能满足他自我爱慕的欲望。得到称赞时他不禁洋洋自得，一旦别人撤回称赞时，他又沮丧不堪。在这世上，他最喜爱谈论的就是自己。与人谈话时他会把每一个话题不知不觉转到以他为中心。在符兹松（Wurtzung）宫殿里，有一个千镜厅。你一踏入，立刻有一千只手伸出来迎你；你微笑，有千个微笑回应你；你流泪，有一千双眼睛陪你掉泪。但这些其实都是你自己的手、微笑、眼泪。傲慢的人就是这样，被自己独占，被自己包围，被自己囚禁。但主耶稣的表现完全相反。在他向自己的同乡宣布他是弥赛亚这件大事时，他没有用"我"这个代名词。读完《以赛亚书》61章1-2节，他说："今天这经应验在你们耳中了。"这位唯一拥有特权可以说"我"的人，却因着谦卑，避免去用它。

骄傲玷污了每一件它接触到的东西。细菌会使有营养的食品转变成有毒的东西，骄傲则会将美德转变成恶行，将祝福变成咒诅。美丽若加上了骄傲，就变成虚荣。热心加上了骄傲，就产生专横和刻毒。人类的智慧若掺入了骄傲，就带来不义。在言词方面，骄傲可以表现在批评中。因为批评别人时，常是带着优越感的。骄傲可以使人在每一个人、每一件事上找到理由来加以批评。骄傲的人称颂自己，贬损邻居。

圣经中充满了这一类愚行的例证，以及紧随着骄傲而来的悲剧。大卫自满于他的王国和权力，就起意要数点以色列人。这个罪招致了神的惩罚（参见代上21：1）。希西家为骄傲控制，向他贪婪的仇人炫耀，"就把他宝库的金子、银子……并他所有的财宝，都给他们看"（王下20：13）——最后，这些他全部都失去了。尼布甲尼撒王对自己的成就沾沾自喜："这大巴比伦不是我用大能大力建为京都，要显我威严的荣耀吗？"（但4：30）但他傲慢的灵在一个巨大的、从天降下的声音前退败。"这话在王口中尚未说完，有声音从天降下，说：'……你的国位离开你了。你必被赶出离开世人，与野地的兽同居，吃草如牛。'"（但4：31-32）神志恢复后，他崇拜的中心才由自己转向神："现在我尼布甲尼撒赞美、尊崇、恭敬天上的王。"（但4：37）骄傲是一种道德和灵性上的疯狂。

　　乌西雅因他自己想象的武力和成功，而心生傲慢。"他既强盛，就心高气傲，以致行事邪僻，干犯耶和华他的神，进耶和华的殿，要在香坛上烧香……额上忽然发出大麻风。"（代下26：16、19）骄傲导致他僭越了神的特权。经上说他"长大麻风直到死日"（代下26：21）。希律王在对推罗、西顿人的讲论中，将一切赞美据为己有："'这是神的声音，不是人的声音。'希律不归荣耀给神，所以主的使者立刻罚他。"（徒12：22-23）彼得的骄傲使他自觉有优于其他门徒的道德勇气，他自吹自擂："众人虽然为你的缘故跌倒，我却永不跌倒。"（太26：33）但没多久，当他"发咒起誓的说：'我不认得那个人'"时，他那夸大的骄傲，遭遇到打击，立刻变得粉碎。

骄傲的证明

　　骄傲可以在一件事上具体而微地表现出来，那就是：骄傲的人通常看不见自己所受的捆绑，四周的人却能清楚听到这锁链的叮当响声。在一个场合中，一位男士对他的朋友说："感谢神，不管我有什么其他的过错，至少我不骄傲。""那当然，"他的朋友回答，"我完全了解，因为你根本没有什么值得骄傲的。""真的？"那人愤愤然回答，"你以为我没有？你引以为傲的东西我全有！"如果我们对自己诚实，就不难发现骄傲在我们的生活中统辖了多广的领域。这儿有几个测验，可以正确地发现骄傲的可恶行踪。

优越的测验

想想遇到这些事时，我们的反应是什么：当别人被选中得到了我们垂涎已久的职位；当别人升级，自己却被漏掉了；当别人被高举，自己被冷落一旁；当别人光芒万丈，使得自己相形见绌……这些是否激起我们的嫉妒和敌意？或者我们能诚心地为别人的晋级或才干而高兴？我们是否像丢特腓一样"好为首"？在一个管弦乐团里，最难担任的角色是否正是第二小提琴？当众人离开施洗约翰去跟从耶稣的时候，约翰也面临这个测验，但他胜利地通过了。"故此我这喜乐满足了。他必兴旺，我必衰微。"（约3：29–30）

诚实的测验

我们不在乎数说自己各样的不是，但是当别人同样数说的时候，我们作何感想？我们对自己的数落常是不真心的，只有别人同样数落我们时，我们才发现自己真的有问题。大部分的人，都是要稍加压力，才肯去面对自己的问题。

批评的测验

我们如何面对批评？是立刻自我审察呢，还是心中生起敌意和愤怒？或是反唇相讥，把那个人也批评一番？这些反应表示我们仍陷在骄傲中。我们不能容忍别人谈及我们，除非先得到我们的许可。谦卑可以使论断变得无所谓，并且能让人从其中蒙受利益。所谓无风不起浪，在最刺伤人的批评里，也常常存在着一些真理，能带给人益处。

自卑感的测验

有自卑感的人并不一定就不骄傲。事实上自卑感可能是骄傲的另一种表现，因为他把自己看得很高，别人却不接受，所以他的自尊心受到了伤害。这是不同类型的骄傲，但仍是骄傲的一种。我们认为别人看低了我们，便觉得自尊心受损。不管我们怎样辩驳，在内心的深处，我们总不以为自己像他们所讲的那样不如人。

骄傲的治疗

骄傲必须彻底对付。劳威廉（William Law）①写道："你内在的骄傲一定得先死去，否则天堂不会活在你心中……不要仅仅将骄傲看成一种不体面的性情，把谦卑看成一种正派的德行……这两者可是地狱天堂之差呢！"

治疗的途径有几个步骤：

认识

骄傲的死对头是谦卑，伯尔纳（Bernard）曾经为谦卑下定义：谦卑是使人们意识到自己微不足道的一种德行。我们不可能征服一个自己都察觉不到，或者丝毫不觉得痛心的罪行。我们应

---

① 劳威廉（1686–1761），灵修作家，代表作有《呼召过圣洁生活》（*A Serious Call to a Devout and Holy Life*）等。

该恨恶神所恨恶的。由于我们先有了利于自己的成见，所以不容易有自知之明。我们以极好的眼力看到弟兄眼中的刺，却出于奇怪的矛盾，而看不见自己眼中的梁木。我们需要真心地向神祈求，将自己完全显露。当我们看清了自己真正的面目后，一定会陷于自惭形秽中。如果别人知道了我们里面隐秘的念头、看见我们的思想如图画一样挂在墙上、了解我们隐藏的动机、注意到我们遮盖着的欲望、听见我们的悄悄私语，我们是不是会浑身不自在？我们是否应该谦卑下来？因为神知道我们的本相。如果我们认识到真正的自己是什么德性，那么骄傲就毫无立足之地了。我学识广博吗？其实和不知道的部分比起来，我所知道的真是微少至极。我很聪明吗？我的智慧乃是神给的恩赐，我自己半点功劳也没有。我很富有吗？是神把这个获得财富的能力赐下的。

惩罚

　　神为了阻挡他的儿女骄傲，就用爱心管教他们。保罗有过这种经验："又恐怕我因所得的启示甚大，就过于自高，所以有一根刺加在我肉体上……免得我过于自高。"（林后12：7）我们是否了解，一些不便的限制、痛苦的疾病、雄心受阻挠，乃是神慈爱的工作，为了救我们脱离一样更糟的东西——骄傲的权势。

悔改

　　一个高明的农夫会在杂草刚出现时立即拔除，免得它将来繁衍开来。所以，让我们也看出自大的念头，承认它，然后将它抛弃。若珍藏着骄傲的思想，你早晚会发现原来自己怀中喂养了一条毒蛇。骄傲是肉体的罪，但圣灵可以在这个肃清行动中助我们一臂之力。"你们……若靠着圣灵治死身体的恶行必要活着。"（罗8：13）

比较

我们若和自己比较，立场难免失之公允。让我们和那完全的基督相比。如果我们诚实面对自己，就会被自己的俗气、卑鄙和败坏吓坏。当门徒出于自高，为了谁为大争论不休时，荣耀的主却以奴仆的身份，洗他们的脏脚。稀奇的是，撒旦居然也用那些导致他坠落的罪恶，来试探基督。可是他一败涂地，基督得胜了。

目标

最后的秘诀乃在以基督为标杆。想要根治骄傲这个毒瘤，单单靠我们自我发现、自我训练来努力，是不够的。我们需要内心中根本的、奇异的转变，这也是神的应许。"……得以看见主的荣光……就变成主的形状。"（林后3：18）骄傲会在耶稣谦柔的荣光中枯萎、凋残、畏缩，"主的灵"再一次带来转变。任何人憎恶自己的骄傲、渴求基督的谦卑，圣灵就会极力与他合作。

第七章
神充分的奖赏

"看哪，我见有四个人……那第四个的相貌好像神子。"

（但3：25）

读经：《但以理书》3章1–30节

孩提时代，这个故事听来似乎遥不可及。虽然我们并未怀疑它的真实性，但它和我们所处的世代实在有些隔阂。然而就在几个月前，一位内地会的宣教士说了一个叫提多（Titus）的人的类似经历。提多是这位宣教士以前教过的学生，由于他不肯否认自己的信仰，一些当地的官员就逮捕了他，并将他置于火上，极力游说他放弃自己的信仰，却徒劳无功。他们再三恐吓威胁，一直到火车火马将他提升到主的面前。肉体毁灭了，信心却长存。这个故事是近代发生的，和许多今日仍在提多的处境中的人是有很大关系的。

我们试着为《但以理书》中这三位年轻人所面临的环境做素描。尼布甲尼撒王非常赏识他们的才干，给他们优渥的待遇，以致引起巴比伦诸臣的不悦。这种醋意倒是可以理解的，难道我们高兴看到外国人在我们的国土上享有特权？我们会毫无民族性的嫉妒心？这国的人便决心要除去那三位外国人。布告中规定，所有人都要敬拜尼布甲尼撒王的金像，以庆祝他的战功、宣扬他的荣耀。这下机会可来了。

　　这三位年轻人对该采取的行动毫不犹疑。耶和华不是命令过"不可为自己雕刻偶像"及"除了我以外，你不可有别的神"吗？当他们拒绝向王的像屈膝跪拜时，"尼布甲尼撒怒气填胸"（但3：19）。如果他们再不向王的旨意屈服，就会被送进窑里焚烧。王吩咐"把窑烧热，比寻常更加七倍"。这就是整个故事的背景。

信心的来源

　　他们毅然拒绝背弃神，正表现了伟大的信心。而剩下唯一的选择就是"比寻常更加七倍"热的火炉。这真是大无畏的信心，在下面壮烈的词句间表露无遗："尼布甲尼撒啊，这件事我们不必回答你。即便如此，我们所侍奉的神，能将我们从烈火的窑中救出来。王啊，他也必救我们脱离你的手；即或不然，王啊，你当知道我们决不侍奉你的神，也不敬拜你所立的金像！"（但3：16-18）

　　请注意，他们的声明里包含了三个信心的来源。

相信神有能力拯救他们

　　"我们的神能拯救我们。"这是信心的第一个来源。我们可以在一般的事上同意神有能力成就万事，但在紧要关头，特别是已经感觉到火炉的热度时，要相信神会做特别的事，倒需要操练一下自己的信心。还有什么比拯救看起来更不可能呢？
我的神是否能在我面临特别试炼的炉火时搭救我呢？我是否愿
意跨出信心的脚步全心依靠他呢？

相信神愿意拯救他们

"他也必救我们脱离你的手。"这是信心的第二个来源。
许多人承认神有大能完成任何事，却不大肯定神是否愿意介入
他们自己的事件中。认识神就该确信，神绝对愿意以他看来最
有利于我们的方式，介入我们的生活。主最后确实救了这三个
人，却是以他们料想不到的方式。真的，一开始的时候，他们
似乎毫无得救的希望。

当那个大麻风病人向主恳求医治时，他说"主若肯，必能叫
我洁净了"——相信他有这个能力，却不敢肯定他是否愿意。主
耶稣立刻纠正他的错误观念，说："我肯，你洁净了吧！"

但这三位年轻人的信心来源，不是仅此而已。从"即或不
然"这句话，我们可以看出，他们拥有第三个信心源头，使他
们变得无可匹敌、不怕烈火，那就是——接受神的统辖权。

接受神的统辖权

"即或不然，王啊……我们……也不敬拜你所立的金
像。"如果我们也有这信心的第三个来源，并精通此门功课，
就已在迈向灵命成熟的道路上了。即或神没有救他们，他们的
信心也不会摇动。他们知道神有更好的预备，也看出或许神不

打算在这条途径上施展他的大能，但仍甘心乐意地把事情交在神手中。

他们的态度是："即或神不照我们所期待的去行，我们的信心仍屹立不动。我们对他及他大爱的信心将坚定不移。我们了解我们的神至深，所以即使心中有不明白之处，我们仍预备好接受他的引领。"若只看事实，他们有充分理由丧失信心，因为他们对神勇敢忠心，却换来被投入火窑的下场。旁观者可能会下结论，断定神漠不关心。但他们面对试炼时，信心更加高升。对他们来说，向神忠心远比自己的生命重要。他们在看不见神计划的痕迹时，仍一心信赖他。于是神照着他们非凡的信心，将报偿加给他们。神有充满恩典和祝福的秘密计划，是他们未曾想过的。

信心的含义

卡莱尔有一次说："每一个人最后都不得不回答一个问题：'你到底要做个英雄，还是懦夫？'"这个问题不断地以各种形式在我们面前出现。我们总是要面临选择，不是选择平坦大道，就是选择羊肠小径。这三个年轻人面对的选择可不容易，换了我们亦然。这常常是一个苦恼的经验！想想看，要在跪拜王的像和置身王的炼狱中烧成灰烬两者之间选择！尼布甲尼撒王并未命令他们否认自己的信仰，他只要他们向金像跪拜。在早期教会的时代，只要向帝王烧一小撮香，即可使许多殉道者免去被掷入狮子口的惩罚。但有信心的人总是选择敬拜那至高、至善的，即使必须付上最大的代价也在所不惜。

信心常常涉及冒险。若不涉及冒险，就不必要有信心。如果我们能看见前面的道路，那我们就是全凭眼见行路。什么使亚伯拉罕荣膺信心之父的美名？他一生中，信心的关键表现在最起初。"亚伯拉罕……出去的时候，还不知道往哪里去。"（来11：8）他愿意为神冒险。只有当前面的道路模糊不清时，或者当我们被放在一处，如果神不让我们下来我们就毫无办法时，我们才需要操练自己的信心。没有人喜爱这一类的冒险。许多勇猛如狮的人，一旦在体能的冒险上需要跨出信心的一步，就变得出奇懦弱。我们喜欢稳扎稳打，先把计划拟定，并预留后路。但在信心的路上，总是要冒险的。

在信心之路上，我们时常遭到反对。信心的小径并非花团锦簇，而是血迹斑斑的。亚伯拉罕在接二连三的试炼中进深，而试炼一次比一次艰难。总是有拦阻要越过，总是有难处要克服。我们不该为所遇到的艰难埋怨，反应该为这个新的机会喜乐，因为这样才能锻炼我们的信心。如果我们在信心的路上前进，可以预期到我们将比其他同伴遭遇更多内在、外在的拦阻。除了这些，还有什么方法更适于信心的操练呢？因为没有这些，也就没有再往上爬的刺激了！

信心的搭救

这里有两个功课要好好学习。

首先，脱离试炼并不一定符合我们的最高利益。神并没有救这三个人免去炽热的火窑，他乃是从窑里面将他们救出。我们必须除去这个错误的观念，以为脱离试炼才是最高的属灵福气，这是和新约的精神完全相悖的。我们所跟从的救主，他的态度是这样的吗？保罗以忍受苦难为荣，而不是逃避它。神可以轻而易举地使这三人免于被投入火中，但他预备的比这更好。有关基督再临的教训中，常常过分强调如何逃避将临到这旧世界的苦难。姑且将千禧年的争论搁置一旁，我们应该注意，这种强调是不全面的。我们的主曾清楚说道："在这世上你们有苦难……"那些自足自满的教会，不知磨难为何物，自然灵命的长进也有限。神并未应许我们对试炼免疫。我们在猛烈的火窑里待上几天，所学的功课远胜于在火窑外面度数年。我们经历了试炼以后，对神的伟大就可以有进一步的认识。

其次，试炼的范围是参差不等的。神不是对待大家一视同仁，这个明显的事实导致有些人对神发怒。这三个年轻人可不在意神怎样对待别人，他们直接和神打交道。如果四顾观望神怎么待别人，我们很快会跌入属灵的苦恼里。主耶稣在这一点上，曾教了彼得有益的一课。彼得很关切，生怕约翰享有特别待遇。耶稣严厉地回答："这与你何干？你跟从我吧。"雅各离开监狱就上了断头台，彼得离开监狱却直奔一个祷告的聚会。彼得赚得了三千个灵魂，司提反却挨了三千块石头。我们必须接受这个事实——主的方法是不一样的。他不是以机械的原则待我们，他救一些人脱离试炼，又叫一些人在试炼中得拯救。

在我们的属灵词汇里，是否也有"即或不然"这个词？我们是否拥有第三项的信心来源？我们的信心是不怕火的吗？如果战争爆发，我们的儿女、丈夫或所爱的人被主接去，我们是否仍有"即或不然"的信心，带我们经过那焚烧的火窑？如果经历公司倒闭或经济上的窘迫呢？如果疾病侵袭我们？年老力衰？遭受亲人死亡的打击？想要一个终身伴侣的意愿未达成？梦想中的计划搁浅？如果教会的事工未能达到我们想要的成功？如果我们没有被指派到原先期望的宣教工场，或未能与自己选择的同工住在一起？让我们效法这三个高贵的人，他们那种大无畏的信心，即使面对的是似乎没有奖赏的试炼，他们仍然坚信不移。"即或不然"，我们也要继续相信我们的神，这三个人说。他们没有陷入自怜或不信中。

我们也许当时不能了解神的方法，他也没有答应要为自己解释。"我所作的，你如今不知道，后来必明白。"（约13：7）这乃是他的应许。不过我们在试炼的熔炉中，总是能学到许多功课。

> 若我的日子总是夏季，
> 我怎能知道主说"白如雪"的真意？
> 若我的日子总是阳光灿烂，
> 我怎能说他在乐土上拭去一切眼泪？
> 若我未曾疲乏，我怎能低语，
> "他使所爱的人安息"？
> 若我没有墓地，恐怕我会以为，

永生只是一个缺乏根据的梦。
我的冬季、眼泪和疲倦，
甚至我的坟墓，都会是神赐福的途径。
我视之为灾难，但它确能带来，
主那无尽的爱。

信心的奖赏

他们的信心并非没有受到欣赏或补偿。

与神的儿子同列的奖赏，是他们享受的第一个快乐的特权。"看哪，我见有四个人，并没有捆绑，在火中游行，也没有受伤，那第四个的相貌好像神子。"（但3：25）在痛苦的火炉里，主比任何时候都更亲近。一直到他们"在火中"时主才加入行列。他们凭着信心行，主就在他们单单依赖他的时候回应他们。

控制住火焰是另一个报偿。在神的眼里，火焰以一种奇特的方式焚烧。"那些总督、钦差……一同聚集看这三个人，见火无力伤他们的身体，头发也没有烧焦，衣裳也没有变色，并没有火燎的气味。"（但3：27）火焰只烧毁了他们的手铐脚镣，使他们能和神的儿子一起自由自在地行走、彼此交通。我们能否从这里看出试炼的火所带来的福气、奖赏？

他们的信仰、他们的神得到证实。这是他们不移的信心带来的奖赏之一。为什么圣经详细描述他们的身体、头发、衣裳？为什么没有火烧过的气味？一位不知名的作家说过："当时地位最高、最受崇拜的是巴比伦的神伊示巴（Izbar），这个神是一个火神。但当着王、总督、钦差、巡抚和谋士的面，这个神被击败了。在他们自己的地盘上，耶和华与那些热心的火神信徒们碰了面。结果他们发现他在场，不仅仅是巴勒斯坦地区这一个民族的神，也是掌管天上、地下的一切（包括巴比伦）的神。他既然能够并且愿意拯救他的三个儿女，那么在需要时也一定能对他三万子民施以援手。我们假想一下，如果那三个人从火中出来，身上有火燎味儿，或身体、衣裳这儿一块、那儿一块的有火烧的印记，那么这群拜火的人态度如何？大概会这么说：'喔！伊示巴是真的没法子消灭他们，但至少他在他们身上留了点印记。他们的衣裳都报销了，他们的朋友也不会像以前那样理睬他们了，火窑的气味不会一下子从他们身上消退的。他们不是毫发无伤地走出来，我们的伊示巴还是有两下子。下回看他们还敢不敢违背王的命令！下回他们可不会像这次一样，轻易地从火窑中走出来。'

"这样的话，那三个希伯来人违抗王命的行动，就尽失其道德效果了。属世的聪明人对于这一类的问题总有巧妙的方法逃避，但这一回是逃也逃不掉了，他们没有丝毫漏洞可钻。他们不得不带着敬畏的心，承认耶和华胜利了。他行的神迹完美无缺，无可置疑，因为在这三位至高者的勇敢信徒身上'并没有火燎的气味'。"

圣经上还有多处类似的实例，显出面临痛苦的选择时，那种"即或不然"的无畏信心。每一件都证明信心不只是顺服神的命令，同时也要胜过神的"矛盾"。

约伯失去了一切——家、牲畜、亲人、健康，甚至他妻子的同情。在这样的浩劫中，他的信心却光荣地打了胜仗。即或不然，"他必杀我，我……还要辩明我所行的"（伯13：15）。约伯有第三种的信心来源。

想象一下以撒问亚伯拉罕的那个扎心的问题："燔祭的羊羔在哪里呢？"亚伯拉罕早已预备好了答案："神必自己预备作燔祭的羊羔。"即或不然，他还是相信，认为神"能叫人从死里复活"（来11：19）。在这以前，还没有人梦想过复活的事，但亚伯拉罕的信心使他抓住这个机会，最后他从死里得回一个活生生的儿子。

施洗约翰在狱中时颇为憔悴，他很失望耶稣未给他只字片语，也没有设法营救他或去探望他。他打发了两个门徒去问耶稣：夫子，我错了吗？那将要来的是你吗，还是我们寻找别人呢？即或不然，我的信心也不跌倒，我可以继续寻找下去。

耶稣在客西马尼祷告的时候，极其伤痛，汗如血流下。"我父啊，倘若可行，求你叫这杯离开我；然而，不要照我的意思，只要照你的意思。"（太26：39）

我们会不会想到，尼布甲尼撒王真够昏庸无能的，竟与这样的信心相抗衡？烈火没有力量烧毁三位勇士的躯体，他也没有权力压制他们的灵。世界毫无能力去引诱或吓阻拥有这样信心的人。魔鬼只能烧去捆绑他们的绳索，将他们像自由人一样送出来，这就是他威力的极限。

　　今日的世界，试炼之火可能也一样蔓延在我们四周。总是有一些偶像召唤我们去拜它。火窑的形式可能因年代而有差异，本质上却是一样的。世界也许威胁着要把我们掷入被社会边缘化的这个火窑中。如果不向流行的时尚这个神祇屈膝，我们就会被抛入嘲笑和流行时尚的火焰里。不难想象，现实世界的迫害火焰，会在我们四周炽热挑旺。我们若要享受神那丰富的奖赏，就必须确定自己拥有这三位年轻人那样不怕火焰的信心。

第八章
基督崇高的异象

“我……就看见……有一位好像人子。”

（启1：12-13）

读经：《启示录》1章9-20节

　　《启示录》这卷书中，以象征的手法将耶稣基督所启示的信息传达给我们，这些信息一向最为经历火般的试炼、迫害的教会所珍爱。特别是，它与今日世界大部分地区的现况息息相关。纵观历史，神每一次向人启示自己，总是配合当代他子民的需要。这一点尤其在《启示录》中体现出来。基督品格中，有一部分特别适合受到折磨、逼迫的教会之所需。神把揭露基督品格中这一部分的殊荣，托付给正遭放逐的约翰。

　　这样的信息，需要由一位富有同情心的信差来传递。为了以同情心装备这位信差，神允许即将作为信差的约翰被放逐到拔摩岛。根据维多利纳斯（Victorinus）①所说，约翰在那个岩石岛上的矿穴中，和一帮罪犯一起做苦工。他是因为忠于神的话语及为基督耶稣做见证而招致放逐。事实上，早期基督教传说中，认为他是因拒绝向帝王跪拜而被判刑。他和亚西亚众信徒

————————
① 　维多利纳斯（？-303），在戴克里先受难时殉道，著有《启示录注释》。

一样受逼迫，这点是有利的。他因此有足够的资格，将这个神圣的信息带给他们，因为他与他们处境相同。

在那一个特别的主日（第二世纪时"主日"一词已成为称呼星期日的专有名词），约翰说他"被圣灵感动"，在忘我的状态中，他的意识被提升。这位预言家看到和听到远超他正常能力所能了解的异象和语言。好像他已经超越世界的时空，进入永恒里。保罗也有类似的经验，他被提到"第三层天"，并且听到"隐密的言语，是人不可说的"（林后12：4）。约翰完全被圣灵占有、控制，以致外在的世界逐渐隐退，而那不可见的世界逐渐变得触手可及，变得真实。

约翰在这忘我的状态中，听见后面"有大声音如吹号"，声音持续、威严、澄澈。这样的号声，有时候用来在宗教节期间召集神的子民。在西奈山上神显现时也是伴以同样的号声（参见出19：16，20：18）。对浸润、饱读旧约经文的约翰，神透过这种旧约式的表记、象征，将启示的异象传达给他，并不会令人惊异。

他独特的位格

约翰转过身来，要看说话的人时，他所见到的不是别人，乃是那位活着的基督——"有一位好像人子"——他最后一次见他已是60年前的事。他再也不"被人厌弃，多受痛苦，常经忧患"，而是至高、得胜的基督。他满有威严和荣耀地站在七个灯台中间，这七个灯台象征亚西亚的七个教会。他就是那位当年约翰将头靠在他胸前的耶稣，但和他卑微地在世为人时已迥然不同。是同一位主，但又不一样。他仍有同样的人的属性，却穿上了大能和尊严。

这个异象是属灵的，所描述的又都是象征性的，但它给人的心灵带来基督的形象，远比其他画像更生动，更能予人深刻印象。我们不要试图根据这里所用的表记、象征，来想象约翰所见到的那位主的伟大画像，而是要透过圣经其他地方所使用的相同的表记、象征所带给我们的亮光，来解释这个异象所使用的那些象征表记。借着这些象征表记的意义，我们可以发现这个异象的含意。每一个时代的艺术家，都曾努力想要在画布上重现基督的面貌和样子。奇妙的是，四福音书没有一行提到他的外表长相，这听起来有些不可思议。我们所拥有的他的画像，乃是借圣经上的字句向我们展示的他在道德和灵性上的特性画成的。

这异象中第一个吸引约翰的是基督的衣裳。他"身穿长衣，直垂到脚，胸间束着金带"（启1：13）。这种长袍适合于高贵、威严的举止，和一般的工作服相对照——工作服在腰间会有带子，束上做事情方便。

他的职务可借着服饰显明出来——那是先知、祭司、君王特用的长袍。主穿着它，充分满足了他的三种职分的需要：那是先知的长袍，是领受神所启示的信息之人的长袍（参见但10：5）；那也是大祭司的服饰，是他在执行洁净及管理至圣所的灯这项职务时的穿着；那也是皇族的袍子（参见撒上24：4）。

所以，约翰所见的那位，他有资格将神的信息传给人，引人进入全然圣洁中，并以公义统辖他们。约翰将旧约圣经里单单属于神的头衔归于他，所以他心中毫不疑惑这个威严的人就是神。

紧接着就是那至高之主的详尽画像。以生动的色彩和隐喻，借着七个层次的描写，为他道德的、属灵的特质及审判的权柄，描绘出一个轮廓。

"他的头与发皆白，如白羊毛，如雪"（启1：14），这个象征表记取自《但以理书》。"我观看，见有宝座设立，上头坐着亘古常在者，他的衣服洁白如雪，头发如纯净的羊毛。"（但7：9）这是古老和纯洁无暇的结合，是先存及无罪的融合。他年长寿高，并具永恒的智慧。"他是亘古常存者，他的洁白和圣洁将存到永久。"这亘古长存者的衣裳，在阳光下闪耀如雪。当约翰在他泊山上看见人子时，他的"衣服洁白放光"（路9：29）。"衣服放光，极其洁白，地上漂布的，没有一个能漂得那样白。"（可9：3）这里显示的是完全而成熟的圣洁。

他的"眼目如同火焰"（启1：14），象征那无所不知的神所独具的锐利眼光和无穷知识。在但以理的异象里，他的"眼目如火把"（但10：6）。这个生动的表记显示他满有能力，可以鉴察、搜索每一个人的心，并识透人意念的深处，"照出暗中的隐情，显明人心的意念"。它也出现在《启示录》19章11—12节："我观看，见天开了。有一匹白马，骑在马上的称为诚信真实，他审判、争战都按着公义。他的眼睛如火焰，他头上戴着许多冠冕。"这里强调他那能摧毁人的义怒。因他负责执行神对罪的公义审判，"在火焰中显现，要报应那不认识神和那不听从我主耶稣福音的人"（帖后1：7-8）。但基督的审判，不同于我们，乃是立基于他完全的知识上。"我知道你们的劳碌"是他再三向七所教会所作的保证，他担保一切的功劳都不会被忽视。不管是有利的或不利的，没有一件事能逃过他的眼目，因他拥有全备的知识。

他的"脚好像在炉中锻炼光明的铜"（启1：15），这里的象征意义不大容易解释。同样的描述也出现在《启示录》2章18节，并且紧跟着就是基督审判的作为（参见启2：23、27）。基督在众教会中行走，并朝着完成神永恒计划的方向前进。在约翰那个时代所说的铜，乃是一种熔合金、铜、银三者的合成金属，是最坚硬的金属。这里的铜已经在炉中锻炼得发亮。而铜有一个特性，乃是不向热屈服。基督虽有人的形象，却能经得住神圣洁火炉的锻炼。他虽在被罪恶污损了的世界行走，却未染上丝毫污点或败坏。但这个表记可能也指的是，他的审判一开始，他以发光闪耀的脚践踏与公义为敌的人时，他绝不因人或魔鬼的反对而受拦阻。他的审判没有转圜的余地。"并要踹全能神烈怒的酒榨。"（启19：15）神对悖逆人的不可抗拒、可怕的审判，真是令人凛然生畏。这审判乃是透过那位经历世俗的腐败仍一尘不染的人子来完成的。他将要执行完全的审判。

他的"声音如同众水的声音"（启1：15；结43：3）。还有什么声音比尼加拉瓜的瀑布以全速往下坠落时发出的轰鸣，或一大堆人同时扯开喉咙大喊更震撼呢？那就是基督的声音，无可逃遁、无比威严，指挥着万民和众国。"到我这里来"，这声音此时听来仿佛一个雄壮的瀑布在奔流。这巨大、轰然的声音传入约翰的耳朵，好像拍击着拔摩岛岩石海岸的巨浪声响——象征着可怕的声音，神将用它来斥责、判决他在教会内外的敌人。最后的判决，是以基督的声音发出的，他说过的每一个字都不能再收回。斯韦特（H. B. Swete）①提到神的声音不只一种调子。它可能如海浪澎湃那样令人生畏，也可能平静温和。在训斥人时威严，在安慰人时温柔。这是无上权威的声音。

　　"他右手拿着七星。"（启1：16）"那七星就是七个教会的使者"（启1：20）——指的是教会的信差或牧者。基督手握七星，代表着他握有七个教会的命运。差往这些教会的使者们所有的权柄都是由他而来。他掌管他们，支持他们，他们也都对他负责。教会是属基督的，他保守、保护、看顾教会。在他大能的掌管中，那些奉他差遣到各个教会去的牧者安然无虑。《启示录》1章17节经文提到约翰扑倒在尊严的基督脚前，耶稣同样用那只右手按着他的头，再一次保证要他安心。教会的使者们在他完全的掌管卜是多么安全啊！

　　"从他口中出来一把两刃的利剑。"（启1：16）这个象征记号的解释可以在《希伯来书》4章12节找到："神的道是

---

① 斯韦特（1835–1917），又译"司威特"，圣经及教父著作研究学者。

活泼的，是有功效的，比一切两刃的剑更快……连心中的思念和主意都能辨明。"因此，利剑代表真理，能够刺入、剖开、辨明。人类的行为在主锐利的话语、正确的审判和剖析下都要显露出来。因为从他口中发出的言语，将作为未来一切审判的依据。"我所讲的道在末日要审判他。"（约12：48）此处，主的话语在谴责、惩罚上的功用远比改造人心更明显，因剑乃是他审判的权威和能力之标记。它切入生命里，揭发罪恶，割去不该有的东西，毁灭教会中一切不荣耀神的事。在他的审判中，基督显明他有完全的辨别力。

他的"面貌如同烈日放光"（启1：16）。面貌是一切特征的总和。他整个外表看起来好像正午的日头，以明朗的威力发光闪耀，令人的肉眼不敢逼视。约翰是否回忆起当年在山上主改变相貌时的情景——他的"脸面明亮如日头"（太17：2）？约翰在这次异象中所见到的面孔不再是"常经忧患"的，而是一张闪耀着光辉的脸，那光辉炫目，令人无法直视，整张面孔流露出可畏的威严。牧者是众星，教会是灯，基督乃是尊严的日头。正如太阳是世界最大的光源，基督也是属灵世界最超越的光源。"那城内又不用日月光照，因有神的荣耀光照，又有羔羊为城的灯。"（启21：23）他的面貌反映出他完全的道德荣耀。

他独特的权柄

这异象对约翰产生了激烈的影响。"我一看见，就仆倒在他脚前，像死了一样。"（启1：17）神的异象常常导致谦卑和降伏。约翰带着敬畏、崇拜而仆倒，并且在他的威严前面，感到自己的渺小无能，因为"他是神荣耀所发的光辉，是神本体的真像"（来1：3）。

这位尊贵、伟大的人物，难道就是当年约翰将头靠在他胸怀里的那个柔和、卑微的人？是的，在金色的带子后面跳动的仍是同样一颗心。握着七颗星的手仍是那有着钉痕的手。冒着火焰的双目，正是曾因怜悯耶路撒冷的愚昧而流泪的眼睛。他的声音仍含着亲切的声调。那闪耀的脚正是当年曾载着他受创的躯体走上加略山山坡的脚。那伸出两刃利剑的口，也是当年发出邀请说"到我这里来，我就使你们得安息"的口。光彩的容貌也是那一度"常经忧患"的容貌。

但这个异象的真正目的，是要鼓励约翰，加添他的力量，而不是要吓坏他。他用右手按着约翰说："不要惧怕！我是首先的，我是末后的……直活到永永远远，并且拿着死亡和阴间的钥匙。"（启1：17–18）。"我是阿拉法，我是俄梅戛。"（启1：8）这慈爱的触摸，进一步地向约翰启示他自己，使得约翰有足够的力量站起身来，并且再一次从主那里得到保证。这只带着钉痕的手，强壮得足以举起宇宙，但也温柔无比，能安慰并赐力量给谦卑伏在他脚前的信徒。

他独特的声明

在此异象里，我们的主做了五个有关他自己的声明，足以化解约翰的惊恐。

"我是阿拉法，我是俄梅戛。"（启1：8）这说明他的神性是永恒的。他是整个历史的神，是它的起始，是它的终结，也是两者之间全部的过程，就像希腊文的第一个字母和最后一个字母之间那许多的字母，可以组成各种千变万化的语言形式。他乃是神完美、全备、永恒的启示。"在基督里，旧约圣经的阿拉法《创世记》，和新约圣经俄梅戛《启示录》互相衔接：最后一本书显示人和神在乐园里和好如初，就像第一本书所展现的最初的人的样子，在乐园里天真无瑕疵，满得神的喜悦。"杰米森（Jamieson）说。

"我是阿拉法，我是俄梅戛……"（启1：8）"我是首先的，我是末后的。"（赛44：6）万事从他开始，又在他里面结束。他是一切受造物的发端，也是终点。他是首先的，因为在他之前没有神；他也是末后的，因他之后也没有神。他是信心的创始者和完成者。他自我们出生即与我们同在，一直到我们死亡。

"我曾死过，现在又活了。"（启1：18）这表达了基督本有永恒生命和自愿为世人死之间生动的对比。就因他尝过死亡的滋味，他才能对受死亡支配的人类说这样的话：不要惧怕死亡，我已践踏那条路，毁坏死亡的权势，拔掉它的毒钩。

"直活到永永远远……"（启1：18）这里的意思是直到万代。死亡无法保住它的权势。基督现今活在"永生的权势中"。其他的人，像拉撒路等，虽然复活，但最后还是难免要死的。他从死里复活，并且活到永远。他像人一样经历死亡，如今活在丰富的生命中。这正是我们信心的基础。因为透过他，死亡不过是通向更丰盛生命的一扇门而已。那些可能要面临殉道的基督徒，真是迫切需要这个真理来消除心中的恐惧。若基督死了，教会就不能活着，但因基督活着，教会必不会死。

"并且拿着死亡和阴间的钥匙。"（启1：18）这钥匙乃是在主复活时，从握有死亡权势的魔鬼手中夺来的。地狱在《马太福音》16章18节里被描述为一间囚室，或筑有围墙的城市。那是一个以死亡为大门的不可见的世界。钥匙象征权威。不可见的世界之钥匙操在基督手中，他同时也握着所有人的命运。我们无论到何处都不必怕，因为钥匙是掌握在他手中。我们再也不必畏惧那个狰狞的收割者、恐惧之王。只有基督允许我们进入死亡，又为我们在另一面开了出路。无人能从他手中夺去钥匙。因他复活了，我们也必复活。

因为这活着、尊贵、大能的基督站在他的教会中，手中握着他们的命运，他们和我们都没有理由再惧怕战兢。

第九章
基督超越的价值

"你配拿书卷，配揭开七印，因为你曾被杀……"

（启5：9）

"曾被杀的羔羊，是配得权柄、丰富、
智慧、能力、尊贵、荣耀、颂赞的。"

（启5：12）

读经：《启示录》5章1-14节

塞缪尔·查德威克（Samuel Chadwick）[①]是一位知名的美以美会牧师，有四十多年之久，每一个主日礼拜，他都会先宣读这一章惊心动魄的经文。旁人也许会想，这样不断地宣读，可能会使该段经文的感动力丧失殆尽。事实不然，原因有二：第一，当圣灵光照，人也以圣洁的想象力去追求时，经文本身就有无限的活力；第二，在这个基督最终彻底胜过一切仇敌的异象中，我们会找到对生命及服侍的新启示。我们也可以让同一个祭坛上的火，点燃我们心中的赞美，并从这异象中得力量，完成神指定我们的工作。

羔羊的异象

"我又看见宝座与四活物并长老之中，有羔羊站立，像是被杀过的。"（启5：6）约翰这位先知被引介到一个动人、壮

[①] 塞缪尔·查德威克（1860-1932），循道宗牧师。

丽的天堂景观中（启4：1）。坐宝座的右手中有一本书卷，上面用七个印封住了。一位大力的天使，大声向天、地及地狱挑战，要他们推出一个配打开封印的挑战者。约翰屏息以待，不安地细看聚集的群众，希望一个挑战者能挺身而出。但是毫无动静，没有一个志愿者出现。最后他沮丧至极，禁不住放声大哭，因为居然没有一个人够资格观看那书卷，更别提打开它了。

这个集中了全宇宙危机的七印封严的书卷到底是什么内容呢？对它的含义，已有许多不同的解释提出。

被封印的旧约书卷吗？旧约圣经无疑是一卷被封得紧紧的书，只有在基督降临及钉十字架的亮光之下才能加以解释。对犹太人来说，迄今它仍是严封着的，因为他们拒绝从里面认出基督。若没有他的十字架和受难，旧约的奥秘是多么不可思议！一旦在每一页上见着他，旧约的信息又变得多么明白易晓啊！

这书卷是指被封印的神永恒计划的书卷，写着他对宇宙事务最终的安排吗？唯有那羔羊配去解释、揭露神的心意和计划，并使之完成。

这书卷是指被封印的神与人之约的书卷吗？这约是借着基督之死而达成的。借着盟约所赋予的权力，他掌管着世界及教会的命运。

这书卷是指那解释过去、说明将来的被封印之历史书卷吗？若脱离基督，历史就毫无终极的意义。因为真正的历史乃是救赎的历史。历史是他的故事。约翰觉得很难为当时的历史找出一个满意的诠释，因为它充满了迫害、试探、死亡。它的意义及价值何在？他发现那羔羊是历史唯一的诠释者，也只有他拿着揭示预言的唯一钥匙，只有他具有权柄去告诉人类何所适从。

戴布鲁（De Brugh）提出的，是最贴切的建议之一。他认为封住的书卷是人类的后嗣权状（The title deed to man's inheritance）——这个后嗣权状因着人犯罪而被典押出去，又借羔羊的牺牲被赎回来。书卷上列明了一连串的步骤，他将按着这些步骤，从强夺者那里将这后嗣权收复，最终拥有天国为产业。其实神早已为他自己及他的选民购置了这产业。

在约翰年纪极其老迈的时候，这个最庄严的异象临到他，令他因自觉渺小无能而流泪。这件事颇具意义。特别是当他理解到其他受造物也像他一样不够资格时，他更加沮丧。没有人配——道德上、体力上都不够格去"展开、观看那书卷"（启5：4）。他也尝到了神在对付那些不能自救的人时，那种进退两难的滋味。但神有法子来解决这个难题。

"不要哭，"天使告诉约翰，"有人正挨近宝座。"难道这人具备了所需的条件？有人告诉他，这位得胜者乃是犹大支派中的狮子。他转身想看看这个威猛的狮子，看到的却是一只小羔羊，全身被献祭时所流的血染得鲜红。基督被宣称是狮子，但别人看见的是羔羊。救赎不能单靠权力，乃是借着自我牺牲成就的。当这羔羊登上宝座时，他成了众目的焦点。他毫无畏惧地拿过书卷来，逐一撕去上面的封印。只有他能赎回人类失丧的后嗣权，他凭着什么资格？乃是身上的五处伤痕，默默地证明他已为人类失丧了的后嗣权付清了赎价，收回了典押之物。

这真是一幅令人印象深刻的基督的画像。即使在天国，他仍带着受苦及死亡的记录，但这正证明了他的神性的权利和属性。七个号角象征他的全能，七个眼睛象征他的全知，打发到世上的七个灵则代表他的全在。

这羔羊拿了这已被赎回的典押书，聚集的群众开始自然地、无拘无束地大声唱起颂赞的歌，歌声有如三个浪潮接踵而来，一浪高过一浪。由四活物和二十四位长老起头唱，接着千千万万的天使也应声相和，声浪逐渐增大，一直到"天上、地下、地底下、沧海里和天地间一切所有被造之物"——等于是受造物的全宇宙性合唱团——都淹没在这欢欣喜乐的赞美诗歌里。

> 你配拿书卷，配揭开七印，因为你曾被杀，用自己的血，从各族、各方、各民、各国中买了人来，叫他们归于神，又叫他们成为国民，作祭司，归于神，在地上执掌王权。
>
> 曾被杀的羔羊，是配得权柄、丰富、智慧、能力、尊贵、荣耀、颂赞的……但愿颂赞、尊贵、荣耀、权势都归给坐宝座的和羔羊，直到永永远远。
>
> （启5：9-10、12-13）

　　"这个宇宙的最后一个异象，"巴克莱写道，"就是整个宇宙一起颂赞基督；能够将我们的声音和生命添进这个庞大的赞美诗班，也是我们的特权，因为少了一个声音，这个诗班都不完全。"

将颂赞归给他

　　人天生是自私的。即使在我们享有神的性情以后，老我的势力依旧强大，我们还是喜爱接受，而不是付出。主说"施比受更为有福"，这是"八福"之外的第九福，他有技巧地矫正我们此一倾向。在我们与神的关系中，我们总是站在接受的一方。基督徒的生命是以接受救赎为开端（参见罗5：11），并以接受丰盛的恩典（参见罗5：17）来维持，最后以被接入荣耀中（参见提前3：16）结束。我们不断地拉着神的衣角，向他求某种我们渴望的祝福，他也甘心乐意赐给我们。但我们忘记了，他也渴望从我们这里得到那些只有我们能给他的东西。

　　虽然在某种意义上，我们无法增加基督的丰富，但我们那发自内心、对他内在真正价值的赞赏声音，最能使他欢喜，也最能使我们自己变得更丰富。因为"神在我们崇拜的过程中向人显明他自己"。关于这点，路易斯又说："想要认清这个教训的真正含意，必须假定我们完全地爱神——啜饮、淹没、溶解在喜乐中。这喜乐不是埋在心中无法沟通的，因为它满溢得再也压抑不住，便从我们里面，以最自然、完美的方式泉涌而出。我们的喜乐和赞美是不可分离的。借着赞美，喜乐才能得到自然淋漓的发抒。二者的关系就像镜子和镜子所发出的光一样，是分不开的。苏格兰的信仰问答里说，人生最重要的目的在于'荣耀神，并且永远以神为乐'，我们知道这两者其实是一回事，完全地以神为乐就是荣耀。神要求我们荣耀他的时候，也同时邀请我们去享受他。"

这永恒的观点，显然修正了基督徒的眼界，因为全宇宙的造物都齐声同唱道："曾被杀的羔羊是配得……"紧接着的是他配得的七倍福气。这七项能力，都聚集在一个希腊文冠词下面，似乎要将一切人和天使所能献给这羔羊的东西，都总结在一个辉煌的字里面。

七重的颂赞

这羔羊配得权柄、丰富、智慧、能力、尊贵、荣耀、颂赞。

权柄

法国人当初认为拿破仑配得无限的权柄，德国人则把无穷的权柄托付给希特勒。当他们发现他们的信心用错了地方，以致酿成悲剧时，为时已晚矣。他们付出的惨痛代价，证明了阿克顿勋爵（Lord Acton）①的名言乃是真理："权力导致腐败，绝对的权力导致绝对的腐败。"这些人根本不配拥有或运用权柄。只有主基督充满怜悯，配接受至高的权力。十架受难及死

---

① 阿克顿勋爵（1834–1902），英国历史学家，政治哲学家，著名的自由主义大师。

亡为他留下那不可磨灭的痕迹，足以担保他手中的权柄永远不会被滥用，他永远不会堕落到暴虐或专制的地步。宇宙的统辖大权乃是握在那钉痕手中，这羔羊是配得权柄的。

丰富

虽然基督是万有的指定继承人，他在世上的生活却显然不富足。相反的，有时他甚至连枕头的地方也没有。他常常需要靠周围的妇女接济。他穷到一个地步，以致他死时，全部个人财产只是一件袍子——那些好赌的士兵们用它来打赌。很自然的，保罗利用他的自甘穷困来激励哥林多人慷慨施舍，他勉励他们说："你们知道我们主耶稣基督的恩典；他本来富足，却为你们成了贫穷，叫你们因他的贫穷，可以成为富足。"（林后8：9）真正的富足是道德和属灵方面的，而不是经济上的。"爱是荣耀之金。"一个缺乏爱的富人，实际上是一贫如洗。我们的主变得贫穷，是因他为了世上的倾轧不和放弃了天堂的和谐生活，为了世人的恶毒怨恨舍下了天使的赞美。这羔羊已经赢得这份权利，去接受并享用真正的富足。

智慧

并不是所有念过书的人都是聪明人。智慧远胜过学识。智慧是一种可以正确使用知识的能力。所罗门年少时祈求智慧，他的祷告蒙了应允。示巴女王亲眼见了所罗门的智慧，她对王说："……才知道人所告诉我的还不到一半。你的智慧和

你的福分，越过我所听见的风声。"（王上10：7）基督也以
这件事为背景，谈到他自己："看哪，在这里有一人比所罗门
更大。"（太12：42）基督是神的智慧，是一切真智慧的源泉
（参见林前1：24）。他无穷的智慧总是为那最高、最有益处
的目的而使用。在他卑微时，智慧人（和合本圣经翻译为"博
士"）把礼物献给他；当他被高举时，象征最高智慧的冠冕加
在他的头上。这羔羊是配得智慧的。

能力

肉体的能力和道德的能力是有区别的。参孙满有肉体的
能力，却没有道德上的能力。他的身体上孔武有力，道德、灵
性方面却孱弱不堪。道德的能力是最高的能力。那羔羊的能
力是十全十美的，他就是那个胜过恶魔、夺去他财产的壮士
（参见路11：22）。没有任何个人的处境是他不能应付的，
他显明自己不仅有能力获得成功，也有能力忍受痛苦。面对巨
大试炼时，他表现了无可比拟的属灵能力。除了他，有谁曾是
"忍受罪人这样顶撞的"？他曾在软弱和羞辱中被钉十字架，
但是现在他穿上了能力和威严。我们也加入天使的行列，将能
力归于他。

尊贵

人们都汲汲追求艺术、文学、音乐、科学、运动甚至战
争等领域里的荣誉，并对在这些领域中的成就给予高度的评

价。这些荣誉都是颁给那些有特殊贡献、有杰出成就的人的。但是，有谁的成就能和那羔羊所完成的事相比呢？除了他，有谁曾将各国、各方、各族、各民的人，从灭亡里拯救出来？确实，在世上他经历了最大的耻辱，与两个恶名昭彰的犯人同钉十字架；确实，他拒绝接受从人来的荣耀（参见约5：41）——但是，整个宇宙都尊崇他，乐意将他配得的尊贵归给他。

荣耀

要解释这个词，举例说明远比为它下定义容易。它单单属于神，是灿烂、光辉、名望的综合，像正午的日头，以它炫目的荣光将我们照得睁不开眼。约翰在山上看到耶稣改变相貌时，"他的脸面明亮如日头，衣裳洁白如光"（太17：2）。他这样写道："我们也见过他的荣光。"（约1：14）关于同一事件，彼得写道："我们……亲眼见过他的威荣。"（彼后1：16）约翰在拔摩岛上所见的异象中，基督乃是"面貌如同烈日放光"（启1：16）的那位。约翰还要看到，在羔羊无上的荣耀前，日头都要变色。因为在以马内利之地，"那城又不用日月光照，因有神的荣耀光照，又有羔羊为城的灯"（启21：23）。这羔羊是配得荣耀的。

颂赞

颂赞乃是归赞美给一个人，或为他祈求幸福和成功。那是领受了恩惠的人想以感谢赞美为回报的心愿。"那是我们能给他的唯一礼物，除此以外我们一无所有，因为万有都是他的。"至少我们可以为蒙受的祝福献上赞美。虽然我们无法添增羔羊的丰富，我们却可借着颂赞他的名，使他的心喜悦。即使我们对他的荣耀所知有限，我们仍旧可以和诗篇的作者一起将颂赞归给他："我的心哪，你要称颂耶和华，凡在我里面的，也要称颂他的圣名！"（诗103：1）

这羔羊是如此豪爽大量，他谦和地接受了我们归给他的七样特质，却拒绝一人独享。他要将它们分给所有借着信心和爱心与他联结的人。他的一切存在，都是为了我们。他拥有什么，就与我们一同分享。

我们是否将权柄归给了拥有"天上地下所有的权柄"的那位？那么他也要向我们保证："我已经给你们权柄……又胜过仇敌一切的能力。"（路10：19）是否归丰富与他？"他……为你们成了贫穷，叫你们因他的贫穷，可以成为富足。"（林后8：9）是否归智慧与他？"神又使他成为我们的智慧。"（林前1：30）是否归能力与他？保罗做见证："我靠着那加给我力量的，凡事都能作。"（腓4：13）是否归荣耀与他？"你所赐给我的荣耀，我已赐给他们。"（约17：22）是否归尊贵与他？"因为尊重我的，我必看重他。"（撒上2：30）是否归颂赞与他？他"曾赐给我们天上各样属灵的福气……"（弗1：3）

"我的心哪，你要称颂耶和华。"

归与他的根据

这羔羊不会接受任何不是自己赢取来的荣誉，这一章经文也提供了稳固的依据，证明我们将七层特质归与他，乃是我们出于崇拜之热忱的合理行为。已故的迈尔博士（Dr. F. B. Meyer）[①]曾提出五点，作为我们将一切他配得的归与他的依据。

他的统治权

"宝座……之中，有羔羊站立。"（启5：6）主并不是坐着，而是站着统辖他的国度。《希伯来书》2章9节记载了这事的应验："惟独见……耶稣……得了尊贵、荣耀为冠冕。"他再也不戴那荆棘冠冕，受人的歧视和排拒了。他带着人的属性已达到宇宙的宝座上，掌有全宇宙的权力。

> 在天堂至高之处，
>
> 他执掌王权；
>
> 万王之王，万主之主，
>
> 他在荣光之中统辖万有。

他的性格

"羔羊……有七角七眼。"（启5：6）圣经中没有一个象征被用得如此频繁，也没有一个象征具有这样丰富的含意。

[①] 迈尔（1847–1929），英国著名牧师，著有多本属灵作品，如"迈尔圣经人物传"系列丛书。

"羔羊"一词常在其他启示文学中出现，但都不是指着基督而言。杰米森说："它代表着亲密的关系，就是目前基督和我们之间的亲密关系。这是他以前作为被杀羔羊的身份带来的结果。我们对他也是这样亲密。他是那珍贵的羔羊，我们是他的小羊，与他原为一体。"这羔羊虽然威严、尊贵，却并不可畏。他有七角，象征着他完全管辖这世界；他同时又有七只眼，代表他的灵，正对他的百姓施以无微不至的照顾，以及充满智慧的供应。在羔羊里，温柔与威严，怜悯和权能，崇高地融合在一起。

他的胜利

"犹大支派中的狮子……已得胜，能以展开那书卷，揭开那七印。"（启5：5）基督不愿仅靠神子的统治权和天赋的大能来做王，他情愿以人子的身份来赢得冠冕。他自己降卑，成为婴孩。他降世为人时搁置一旁的荣耀，五彩缤纷，充满了整个宇宙。

> 你未曾听闻我主耶稣已死？
> 让我诉说一奇妙故事。
> 那大有权能的神，御风而来，
> 身着荣耀之袍，威风凛凛。
> 他为了做世上的光，于是有一天，
> 他降世为人，脱去一切荣华。
> 星辰是他头上的光圈，

> 他以云彩为弓，火焰为枪，
>
> 天空是他蔚蓝的斗篷。
>
> 他们询问他究竟将着何衣，
>
> 他微微一笑，说他将前往尘世，
>
> 因世上有一新衣为他预备。
>
> ——乔治·赫伯特（George Herbert）[1]

他加入人类的行列，分担我们的一切软弱，一步一步地，向宝座奋力迈进。每一步，他都遭遇到魔鬼及其同党的阻挠。他曾被杀且被埋葬，但第三天他复活了，腰间带着死亡和阴间的钥匙。他一举击溃了魔鬼所有的权势。

他的牺牲

"你配……因为你曾被杀，用自己的血从各族、各方、各民、各国中买了人来，叫他们归于神。"（启5：9）克洛（W. M. Clow）[2]写道："拿取密封的书卷并拆去封印的，不是犹大支派的狮子，也不是无辜、纯然美丽的羔羊，而是那被杀的羔羊。是那位死在十架上的基督，打开神的书卷，阐释上面的记载，清楚地将神旨意及恩典的奥秘显明出来。"

在天国的荣耀里，被钉死在十架上的基督乃是中心点。我们永远不该忘记，我们不是用闪亮的银子或黄澄澄的金子赎来的，乃是被一滴滴鲜红、宝贵的血买来的。神对始祖亚当说

---

① 乔治·赫伯特（1593-1633），英国诗人、演说家、牧师。

② 克洛（1853-1930），著名的苏格兰牧师，作家。

过"你……必定死"，但这句话在第二个亚当身上告一结束："你曾被杀。"他牺牲自己，付上高昂的代价，这正是他荣耀的高峰。正因为这样，全宇宙都加入那无止境的颂赞诗歌里。

他的成就

"又叫他们成为国民，作祭司，归于神，在地上执掌王权。"（启5：10）作为被杀的羔羊，他救我们脱离罪及罪的结局；作为得胜的狮子，他与撒旦短兵相接，并打败、消灭了他。他胜过罪、死亡和阴间。他重得他的宝座，却不愿独自占有，要与他赎回的那些人一同分享。因此他任命他的子民做天国的国民和祭司，每一国民都和他一同执掌王权，每一祭司都被指定，不断地献上颂赞和感恩的祭。无怪乎这被杀的羔羊拿过书卷来，并拆去封条时，他们都口唱新歌。这首歌我们也能并且也应该齐声同唱：

> 齐来同唱歌中之歌，
> 天上众圣徒已开始高唱，
> 一切尊荣归于基督，
> 这羔羊配得，因他曾被杀。

第十章
基督未完的事工

"他是长远活着，替他们祈求。"

（来7：25）

读经：《希伯来书》5章1-6节，7章22节至8章1节

如果没有基督那未完成的工作——在父右手边为世人祈求——那么他在十架上已完成的工作，就无法使我们蒙受其利。基督所成就的工作的重要性，可以透过福音书中有关他死亡的大篇幅记载估量出来。但是，基督这代价极重的工作，除非有五旬节圣灵降临及他之存在于天堂，才能作数，否则仍然要胎死腹中。在天上为人祈求，是他未完成的使命，也是他在地上做成的工作之延续。

不管是异教徒世界还是已开化的地方，人心总是需求一个祭司，一个中间人，好在他的神面前代表他。由此可以看出，似乎整个世界都有一个相同的观念，认为神已经被人冒犯了，所以必须设法使神息怒。大家本能地感觉到，被指定来负责使神息怒的人，一定要对人类的软弱具有同情心，并且他对神要有特殊的影响力。在历史的初期，约伯就叹道："我们中间没有听讼的人可以向我们两造按手。"（伯9：33）这种渴望导

致了祭司职位的产生，人们希望祭司能代表他们与神斡旋。犹太教里，担任祭司的人，其职权可说已臻于顶峰，但是仍然不够完美。只有基督这位最高的祭司，才能完全地满足人类这种根深蒂固的渴望。

他任大祭司的资格

犹太人的大祭司有两个必要条件。第一，他必须和人有往来，具有普通的人性。他必须"从人间挑选"（来5：1），这样他才会对所代表的人有怜悯心。他一定要对他们"具有适度的感情"，既不过分宽大，也不过度严厉。同情心乃是大祭司必备的条件。

人的条件虽然必要，但是对这一个敏感、尊贵的职分来说，还是显得不够充分。所以，第二个条件是：他必须要有从神来的权威，这项任命要经过神的认可。"这大祭司的尊荣，没有人自取，惟要蒙神所召，像亚伦一样。"（来5：4）

基督是否符合这些条件呢？他为了帮助人类，自己就成为其中的一分子。他是真正"从人间挑选"的，并且"凡事该与他的弟兄相同"（来2：17）。为了彻底与人类认同，他出身于工人家庭，而不是以王族的身份降世。他遍尝了贫穷和烦闷的苦境。他享受过至高的荣誉，也经历过极端的孤独。但同时他又得到从神来的权威。他不是自选的，乃是被那位曾对他说"你是我的儿子……你是……永远为祭司"（来5：5-6）的神所指定的。

基督具有道德、属灵两方面的资格，去执行代人祈求的祭司职务。"他长远活着，替他们祈求"，他是"圣洁、无邪恶、无玷污、远离罪人、高过诸天的大祭司"（来7：25-26）。他生来就圣洁，并且过着圣洁的生活。"圣洁"这词在原文中一律用以形容一个人在做神的工作时的忠心耿耿和小心翼翼。当耶稣在世生活快结束时，他声明："我在地上已经荣耀你，你所托付我的事，我已成全了。"（约17：4）他是无邪恶、没有罪的，从未欺骗或伤害过任何人。因此他也绝对值得我们信靠。他是无玷污的，不会被任何足以妨碍他接近神的瑕疵所污染。他远离罪人，并不是指肉体上，因他常在罪人中来往，而是指道德上与他们全然不同。因此他在经历各样试炼时，不但胜过了他们，并且脱颖而出，没有犯罪。他生来就高过诸天，并升到那至高者神的右手边。

他任大祭司的能力

在这个职分上，基督赢得了三重荣誉。

他能够援救

"所以，他凡事该与他的弟兄相同，为要在神的事上成为慈悲忠信的大祭司，为百姓的罪献上挽回祭。他自己既然被试探而受苦，就能搭救被试探的人。"（来2：17-18）作为一个真正的人，他能站在人的角度满足人的需要。很多时候，我们愿意对别人施以援手，却感到心有余而力不足。我们的那位大祭司却没有这样的限制。应该注意到一点：他之所以有伸手搭救的能力，不单单是出于怜悯，也是要献上昂贵的挽回祭（来2：17）。他为了我们的罪献上挽回祭，并为之受苦楚。因此他能够在我们遇试探时搭救我们，并能充分地对付我们的罪和悖逆。

他能够体恤

我们的大祭司能够体恤我们的软弱。他从不体恤或宽容我们的罪，他斥责罪恶。罪往往会中断人和神的交通，因此罪人需要一位保惠师，使我们恢复与神交通的这条路。因为他已代人受了罪的刑罚，使得罪的审判宣告无效，所以一个人从心里认罪时，他就能洗清这人一切的罪。

我们的主能体恤我们的缺乏和软弱，这些虽不是罪，却极易堕落成为罪。体恤乃是一种进入别人的经历里，并能感同身受的本领。当一个人经历了同样的痛苦时，怜悯才能发挥它最大的效力。基督也曾"凡事受过试探，与我们一样"（来4：15），并且体验过灵里承受罪的巨大压力的那种感觉。他并没有在罪的诱惑面前屈服，因此在人受试炼之火煎熬时，他能带着体恤的心了解他们的感受。

他能够拯救

"凡靠着他进到神面前的人，他都能拯救到底，因为他是长远活着，替他们祈求。"（来7：25）由于他要以我们的中保和大祭司的身份活到永远，所以他能够为那些亲近他的人，带来最终的、最完全的救恩。这里用的是现在式，意指"由不断的练习带来的一个长久而稳定的经历。'他能拯救那些不断进前来的人'，就是指那些保持着习惯、规律地亲近神的人"（斯蒂布斯[A. M. Stibbs]语）。

"拯救"是一个特殊的字眼，在圣经中有许多不同的含意。在《马太福音》里这两个字具有四种不同的字义，但意思相近：从罪恶的权势被拯救出来（太1：21），从危险中被拯救出来（太8：25），被拯救脱离疾病（太9：21），以及脱离神的定罪（太10：23，24：13）。有一位解经者建议：在《罗马书》中，救恩乃指从死亡、地狱、审判里被救出来；在《希伯来书》中，是指从我们四周及内心的压力，以及拦阻我们认清基督的阴影里被搭救出来。我们的代求者能完完全全地拯救我们，他的拯救涵盖了一切。没有任何人的问题是他无法解决的，没有任何罪是他不能拯救脱离的，没有任何敌人是他无法将信他的儿女救出其手的。原因何在？因为"他是长远活着，替他们祈求"。他已经为罪付出了十足、完美的代价，他已进入幔子里，现在在父神的面前，做我们的中保和代祷者。

他代求的实例

"耶稣基督昨日今日一直到永远，是一样的。"（来13：8）既然如此，我们便可以从他在世上时为人代求的事工上，学到许多功课。代祷乃是为别人祈求的一种行为。他的祷告本质上几乎都是为别人代求，这点难道没有特殊的意义吗？只有一次，他在祷告中表露自己的意愿，就是盼望我们与他同在，看到他的荣耀（参见约17：24）。他其他的祷告都是为人代祷的。

路加记载了耶稣对彼得动人的谈话："西门，西门！撒旦想要得着你们（指所有门徒），好筛你们像筛麦子一样。但我已经为你（单指彼得）祈求，叫你不至于失了信心。"（路22：31-32）从随后发生的事上，我们可以看见这个保证真是强而有力。借着他的代祷，彼得的信心没有失掉。那次的代祷，当事人自己都还察觉不出有此需要。彼得当时丝毫不知他将要面临撒旦的猛烈攻击。在那件事上彼得跌倒了，但他的信心并未失掉。我们的主试图借着这次事件教导我们，类似这样的代祷，乃是他为他的儿女所做的典型工作。

还有两个词用来描述基督作为代祷者的事工，这两个词都有深远的意义。第一个词，前面提及的事件可做实例。保罗谈到基督是为我们各人代求的那位。这里用的词"代求"，生动地表示了他乃是遇见困难时"凑巧"在场施以援手的，意指"不求自来的人"。在我们有需要时，他既不打盹，也不睡觉。不等我们要求，他就自己先给予帮助，像他对彼得一样。第二个词出现在《约翰一书》2章1节："在父那里我们有一位中保，就是那义者耶稣基督。""中保"是一个帮助者，是在需要或危机时，应我们的要求而来的人。他听见我们的呼求而来，为我们辩护，并完全恢复我们的地位。所以不管我们是否能感觉到自己的需要，他都活着，永远为我们代求。

他代祷的根据

基督的代求，乃是立基于他在十字架上的牺牲。加略山上的那句"成了"，为他未完成的代祷工作奠下基础。这些在《利未记》里的赎罪日中已有清楚的预表（参见利16章）。每年一次，大祭司带着香料和血进入至圣所。他将血洒在施恩座上，在耶和华面前，将香料放在香炉里的火炭上焚烧。我们的那位大祭司，在他升天以后，也是这样进入幔内，献出他自己牺牲的血，以及他对神忠诚的生命所发出的馨香，那是一种甜美的香气。这是他道成肉身的高潮时刻。因为神人合一的主仍带着我们的人性，在父神面前代表我们。我们因与他联结，得以被接受，并且可凭着圣洁的信心亲近神。主的临在，就是无可辩驳的代求。

他代祷的方式

"如果要探询他如何为我们做的细节，必定徒然无功。"莫尔主教（Bishop Moule）写道，"最重要的是，他与他的子民永远联合，以及他以被杀羔羊的身份与父神联合。"

在我们的想象中，代祷通常伴随着涕泗纵横的恳求，或愁眉苦脸的哀求。它常常被误认为是一种改变神的意志的方法。之所以有这种观念，完全是因为不了解基督代祷的含意。他并不是在一位必须好言相劝才肯答应祈求的神面前，为我们苦苦哀求。他乃是我们的中保，不是为我们求怜悯，而是在那

位"信实、公义并要赦免我们罪"的神面前，为我们争取公义
——我们从他的牺牲得到的名分，以及借着他的十字架，我们
应获得的权利。

他的代祷是无声的

主的祷告并不是可以听见的。亚伦在他一年一次的盛大代
求仪式里，也是不发一语的。只有他衣袍边缘的金铃偶尔发出
的叮当声，划破至圣所中的一片沉寂。献祭那天，是鲜血在为
百姓说话，而不是亚伦。我们的代求者也一样，是他身上带着
的胜利标记在为我们说话。

阿敏塔斯（Amintas）因反对罗马政权，而以叛国罪送交
审判。他的哥哥阿斯奇勒士（Aeschylus）以前曾因为国家服役
而丧失一条胳臂。听见了弟弟的遭遇，哥哥立刻奔往法庭。他
冲进法厅，举起那只残肢，吸引了法官的注目。他说："阿敏
塔斯有罪，但看在阿斯奇勒士的分上，他应该得到释放。"于
是法官开释了他的弟弟。我们的代祷者亦如此，他出示了受苦
的证据，那位大审判官便说："他们是有罪的，但为了我儿子
的缘故，他们可以得到自由。"

> 我的大祭司耶稣，献出他血为我们死，
> 我一切的罪就不需再付上代价；
> 他大能的宝血已一次偿清，
> 现在在宝座前为我祈求，
> 他的代求是永远不歇的。

他在神的宝座前代表我们

在十字架上，他的死为我们取得救恩；在宝座前，他的长存使我们始终在救恩之中。"我们……更要因他的生得救了。"（罗5：10）这句声明难道没有意义？若不是他现在活着，并晓谕我们"已将一切关乎生命和虔诚的事赐给我们"，恐怕我们的基督徒生活一天也持续不下去。

他接受并且转呈我们的祷告

在代表着他的事工的香中，掺入了我们不完美的请求。"有许多香赐给他，要和众圣徒的祈祷一同献在宝座前的金坛上。"（启8：3）那位常与父神的意愿、计划相谐和的主，当众圣徒的祈祷经过他的心灵时，他就将之当成自己的祈祷献上。我们的祷告并非升上高天而已，它们浸没在他的善功里，正因如此，它们才会变得大有功效。

他是亲自为我们代祷

"他是长远活着，替他们祈求。"（来7：25）这是他现今亲自执行的事工，他并没有将这份工作委派给天使，他自己挑负起这责任。他永远不会因为个人的事太忙碌，而无暇顾及我们的需要。就像在世时一样，他在天上仍是服侍人的主。

我们始终都需要他的代求。弗瑞士（H. de vries）论到这点时曾写道："有些信徒认为，只有陷入极大的缺乏或危险时，我们才需要主的代求——就像撒旦要筛彼得如筛麦子时，耶稣为他祷告，祈求他的信心不致失落。主的代祷像消防队，只有当我们的房子失火时，才应召而来，这个观念也许没什么差错。但事实是，我们的房子总是在着火，因此我们也总是需要他的代祷。我们没有一刻不是身处缺乏和危险中，所以主也恒常为我们代求。他的代祷永不止息且效果显著，我们有多少需要、有多么无助，他就为我们做多少的代祷。"

我们实在该有充分的信心，因为知道在此时刻，我们的大祭司了解我们的软弱，体贴我们的感觉，也曾亲身经历人世的生活。他正在神面前代表我们，好让我们在试探中得坚固、忧伤时得安慰、软弱时得帮助。《希伯来书》的作者深知这个光荣的真理，遂把他对大祭司职务的论点总结在下列文字中：

> 我们所讲的事，其中第一要紧的，就是我们有这样的大祭司，已经坐在天上至大者宝座的右边，在圣所，就是真帐幕里作执事。（来8：1-2）

只要我们的需要存在一天，他这侍奉就存在一天。

第十一章
基督徒理想的品格

———❧———

"虚心的人有福了。"

（太5：3）

读经：《马太福音》5章1-11节

基督国度的宣言，是以祝福为开头的，这和律法常以恫吓、威胁为主的性质真是强烈的对比。祝福是它的主旨，但通往祝福的那条途径，也让他的门徒们经过一个奇特而意想不到的领域。只凭着寥寥几个简洁、生动的字眼，耶稣就刻划出了一个理想的生活，这也正是他在人间特别引人注意的生活的反映。在这段令人扎心的讲道中，他自己就是这崇高训诲的榜样。

耶稣是祝福的权威。他就是《诗篇》1篇所描述的那位有福的人，因此他有足够的资格，向人启示祝福的性质和态度。他所说的祝福——贫穷、哀伤、饥渴、被诽谤、被逼迫——和人们所期望的真是大相径庭。是不是搞错了？这些怎么可能带来祝福？一般人总认为福气来自财富、不忧伤、胃口强健、名声良好、受人礼遇。基督的教训却将这些最常见的有关幸福的观念一笔勾销，反而指出我们最该避免的，就是这些能带来最深的快乐、最令我们垂涎的东西。

"祝福"这个词因着新约的用法而有了更高贵的意思。它的字源在希腊文是指"说吉祥话",类似我们现在所谓的"快乐"（happy），这个词在英文的字源中有"侥幸"、"机运"、"好运"的意思。这字最开始是用在希腊诸神和人身上的，但后来又加进了很多外在的成功的意思。耶稣则赋予此词新的含意，指灵里的丰盛，乃是由纯洁的品格和正确的价值观产生的。它经常被译成"被人羡慕、受人恭贺、无比的快乐、灵命火热、令人生羡的福气、容光焕发的喜乐"。

将他所列出的八种特质略做比较，前四个和我们对神的态度相关，后四个则和我们对众人的态度有关。前者是被动的个人性特质，后者则是主动的社会性特质。在和神的关系中，一个最快乐的人应该具有以下这些特质。

不足的感觉

"虚心的人有福了，因为天国是他们的。"（太5：3）注意，这是指灵命上自觉贫穷的人，而不是灵性贫乏的人；不只是谦虚，而且要在灵里倒空一切。他要完全除去自我倚赖，不留丝毫自我满足的痕迹，并且认定自己不值一文。保罗也承认："我也知道在我里头……没有良善。"（罗7：18）

凯恩斯（Cairns）院长[1]是苏格兰的神学家，他习惯对人

---

[1] 大卫·史密斯·凯恩斯（1862–1946），苏格兰神学家、牧师、联合自由教会学院（United Free Church College）院长。

说："你先请，我随后。"有一次他走近一个讲台，台下爆出一片掌声欢迎他。他立刻往旁边一站，让他身后的人走在他前头，自己也开始鼓掌。他根本没有想到，那些掌声是为他而发的！这样的人是有福的。

"贫穷"有两层意思：一指工人因为他的环境而造成的贫穷，一指乞丐因为他自己愿意而贫穷。工人没有什么多余的东西，乞丐则是一无所有。在这里，灵性贫穷的意思乃是指后者。我们该有的态度，是靠着神的恩典，在灵命上像乞丐，一贫如洗。世俗的人都以能独立、依靠自己为荣，但只有能像主一样，承认"我凭着自己不能作什么"（约5：30）的人，才是蒙福的。乞丐的典型态度可见于《使徒行传》3章5节："那人就留意看他们，指望得着什么。"这人打破了自尊心，因为感到生命的缺乏，他意识到自己两手空空，便投靠那永不匮乏的神。他的态度和老底嘉教会的人恰恰相反——后者吹嘘说："我是富足，已经发了财，一样都不缺。"（启3：17）这样的贫穷必然导致灵里的丰盛。自己虽然贫困，却会使多人受祝福而致富。或许以世俗的标准来看，这样的人是个失败者，但他能享受天国。

悔悟的感觉

"哀恸的人有福了，因为他们必得安慰。"（太5：4）祝福不在哀恸本身，而在神加给哀恸人的安慰。若没有悲伤，就没有安慰。"不知悲哀为何物的人，是不完全的人，他天性中有一面没有得到发展。"李哈灵顿大主教（Archbishop Harrington Lees）①写道，"我们感到快乐，因为只有福音的信息能够对付悲伤，并且为哀恸浇上喜乐的油。这是福音最初的事工，它最终的保证是'不再有悲哀、哭号'。"

"哀恸"一词乃指发自内心的悲哀，贯穿整个人，并在外面表现出来。在这里所注重的，乃是特别指为了灵性的失败或实际的过犯而感到的悲伤。自己感到灵命贫乏、对神冷淡、日渐远离他、没有学像基督，这样必然导致后悔和悔悟。那自夸、自以为义的法利赛人，绝不会像一般忏悔的民众那样，捶胸顿足、痛悔不已，自然他也不能享受过过犯得释的经验。浪子首先意识到自己的落魄、贫穷："我倒在这里饿死吗？"（路15：17）然后他真正悔悟，承认了自己的罪："父亲！我得罪了天，又得罪了你。"（路15：17）约伯只有见了神的异象后，才以深沉的自谴说道："我厌恶自己，在尘土和炉灰中懊悔。"（伯42：6）他为了以前的自满自足而哀恸。

说来也许有些荒谬，这种哀恸和喜乐并非不能并存。保罗说他常有忧愁，但他也是常常喜乐的。神为痛悔的人赐下的安慰，也是带来无上快乐生活的因素之一。

温柔的心

"温柔的人有福了，因为他们必承受地土。"（太5：5）一位作家曾说过，温柔并不是一种优柔寡断的性情。它也不是

---

① 李哈灵顿（1870–1929），英国圣公会大主教。

软弱，或单单指气质上的柔弱。我们的主也声言，温柔是他的个性之一，要门徒们效法。摩西也是生性谦和（参见民12：3），但他可不懦弱。为了神的荣耀或天国的事工，温柔的人照样可以生龙活虎、精力充沛地起身奋战。就是那位温柔、卑微的耶稣，也曾高举鞭子，将兑换银钱的商人赶出父神的殿。温柔不单单是一种不愿从别人得好处的美德，更主要的是一种心态：不坚持自己的权利，并且随时为了别人的利益，甘心放弃自己的权益。它也时时预备好放下自己的计划，以喜乐的心接受神的计划。尼采（Nietzsche）主张，若我们攫取，我们就可以得到这世界；耶稣却宣讲，如果我们舍下这世界，就可得到它。是温柔的人能承受地土，而非生性好侵略的人。

在所有的品性里，温柔可能是最不被人汲汲追求的，耶稣却将它视为最受神看重的恩典。"以里面存着长久温柔、安静的心为妆饰，这在神面前是极宝贵的。"（彼前3：4）通常人们总认为，温柔的人因为心地太好了，以致很难有所作为，成为无足轻重的人。耶稣纠正了这个观念，他声明只有温柔的人能承受地土。只要是不攸关原则的事，他总是愿意谦让。他什么也不要求，但整个世界都是他的。

饥渴慕义的心

"饥渴慕义的人有福了，因为他们必得饱足。"（太5：6）另一个译本如此说："饥饿想要得着义的人有福了，因为他们必被填饱。"耶稣用这项人类最基本的本能，来说明人对圣洁及更像基督的渴望，最后必得到神丰富的报偿。胃无法得到饱足感，是最强烈、最苦恼的事。有一次，薛克顿爵士（Sir Ernest Shackleton）①和他的伙伴在南极旅行，有一段时间粮食告罄。事后他说，当时除了食物，他脑子里简直无法想其他的事。一个人若对圣洁的生活抱着压抑不住的渴想和填不满的饥饿感，这人是值得羡慕的。饥饿的人有福了！

> 好像公鹿在奔跑中，
> 燥热气喘，渴想清凉溪水，
> 我灵魂也是这样渴望你，我神，
> 渴望你救赎的恩典。

值得一提的是，登山宝训中从未提到过对快乐的渴望。快乐是绝大多数人追求的目标，但也常常被证明只是海市蜃楼，不可捉摸。耶稣在这里教训我们，一个人若不将快乐，而是将义——人与神之间的一种正确关系——当作他追求的主要目标，他就必得着绝对的快乐。"他们必得饱足"——吃饱为止，今天如此，永远如此。"因他使心里渴慕的人得以知足，使心里饥饿的人得饱美物。"（诗107：9）

指示了他国度的子民对神应有的理想态度后，耶稣又将话题转到人与人之间的社会关系上。一个灵命强健的人，在试炼的环境中应表现出四种性格："在软弱时变得刚强，在污秽的人中仍保持纯洁，见别人彼此倾轧内心仍存着爱，在折磨者的手中仍然刚正不阿。每一样都有它应得的福分，乃是神恩典所

----

① 薛克顿爵士（1874–1922），爱尔兰南极探险家。

结的果子。"

怜悯的心

　　"怜恤人的人有福了，因为他们必蒙怜恤。"（太5：7）这一教训曾被正确地形容为道德世界里的一条自动反应的法则。向人施怜恤的，自己也受到别人的怜恤。我们种的是什么，收的也是什么。一个人有可能对义存饥渴之心，但这义让他的态度变得严苛冷酷。那位风趣的布道家塞缪尔·琼斯（Samuel Jones）①曾说，缺乏怜悯心的义，会使一个人有消化不良的气色。

　　就像温柔一样，怜悯是基督徒特有的美德。它的来源乃是一种同情的感觉，表现在慈悲的行为上。怜恤是向那些没有资格要求怜恤的人发出的。如果他们有资格要求怜悯，那么得到怜悯是应该的。一个有怜恤心的人，能够随时体谅失败的人，面对一件事情总是把别人往好处想。他从不刻薄地判断人，因为他知道自己不一定明白所有实情。我们要铭记在心：我们的感受来自我们的态度。怜恤的心，是从来不记仇的。

清洁的心

　　"清心的人有福了，因为他们必得见神。"（太5：8）只

---

① 塞缪尔·琼斯（1847–1906），美国南部著名的复兴布道家。

有清心的人，还在地上时就承受了登山宝训中的福气。这儿用到的"清洁"一词，含意甚广，包括思想、想象、动机等方面的清洁。它指道德上的圣洁或诚实，特别是指心无诡诈。耶稣略过外表、形式的纯洁不提，单单强调内在的清洁是绝对必要的。人若只想符合形式上的要求，就既不能讨神的喜悦，也不能讨人的喜悦。

"神啊，求你为我造清洁的心。"（诗51：10）大卫带着悔恨如此祈求。因他深深感到自己的污秽，认识到自己对同胞所犯的罪行。《诗篇》的作者将清洁的手和纯洁的心连在一起，体认到他在做人的态度和关系上应负的责任。若没有清洁的心，就不会有清洁的眼光。大多数人只满足于外表的美观，只要他们能在自己的小圈子中"保住面子"，对于道德上偶尔的越轨就不大在意。圣经教导我们："非圣洁没有人能见主。"（来12：14）我们需要每天自我省察，并用基督的血洗清一切不洁。

我们必须用属灵的眼光而非肉体的眼光来见神，因为神是个灵。罪像一片乌云，能遮暗心灵，使人不得见神的面。见神乃是认识神，享受与他亲密的交通。假冒为善和内心不诚实的人，是无法见神的。让基督住在心中，成为清洁的泉源，这样才可能常保有一颗清洁的心。若做到这一点，我们仍在世的时候，就可以享受到与他面对面的福气。

使人和睦的工作

"使人和睦的人有福了，因为他们必称为神的儿子。"（太5：9）这个教训常常被用来指那些和平的维护者，那些维护着已有的和平的人，或是爱好和平的人。其实，它应该用来指在和平破裂的情况下重建和平的人。使人和睦并不是一种德行，而是实际的行动。缔造和平远比维持和平有价值。我们的主"藉着他在十字架上所流的血成就了和平"（西1：20），我们也必须肯先牺牲自己的和平，才能成就和平。做这项工作总是要背十字架的。在这样的人面前，所有的争吵、不和都会化为乌有。据说，有一位知名的英国政治家，每一次当他踏入议会时，不管当时的辩论、争吵多么激烈，都会在他前面缓和下来。为什么呢？因他活在神的面前，无论议会开会到多晚，他每天在开始一天的工作前，都要花两个小时祷告和灵修。他身上带着神的和睦，走到哪里就将和平带到哪里。这种服侍需要非比寻常的勇气、见识和机智。让两个有嫌隙的人重归于好，这是何等伟大的事工啊！保罗在为友阿爹和循都基做和事佬时，充分使用了他的技巧和机敏，这事记录在他给腓立比教会的书信中（参见腓4：2）。

使人和睦的人所得的奖赏，不是变成神的儿女，而是被称为神的儿女。他早已经是神的儿女了，所以这里不是指他的身份，而是指他当下的声望。当别人看见他在从事带来和平这项有价值的圣工时，他们就在他身上见到他主人的形象，并且认出他属于怎样的一个家庭。

勇敢的忠心

"为义受逼迫的人有福了……人若因我辱骂你们，逼迫你们，捏造各样坏话毁谤你们，你们就有福了。应当欢喜快乐，因为你们在天上的赏赐是大的。"（太5：10-12）即使是使人和睦的人，也不能避免受到周围的人的攻击和逼迫。圣洁无罪的基督，也难免受人迫害和诽谤。但要注意，福气并非存在于迫害、辱骂中，而是在他们受过逼迫之后，依然欢喜快乐，这是经过磨练"以后"的事。在试炼中与主分外亲密，这种喜乐就含着福气。这样的人真令人羡慕，就像燃烧着的火窑里面的那三位年轻人，在熊熊的试炼之火里，神的儿子与他们同行，烈火一点儿也烧不着他们。

我们必须看到一点，那就是：并非所有迫害都能带来这种福气，而是必须满足以下三个条件：

首先是"为义"受逼迫（参见太5：10），而不是因自己的冥顽不通或缺乏智慧而受逼迫。很多基督徒因为自己的不机智、借故生事端，而为他们自己及基督的名，招来无谓的耻辱。为义受逼迫是指：因着我们不惜任何代价（即使可能导致社会的排斥）去做当做的事，而遭遇到的逼迫。

其次是遭到错误的毁谤（参见太5：11），而不是因罪有应得而招致的辱骂。这样的毁谤对我们的言词、举止都是一种不公正的判断，我们却可因此蒙福。

第三是"因着我的缘故"受逼迫、辱骂（参见太5：11）。因我们忠于基督和他的义，而引起别人的迫害，这样必为我们带来无限的赏赐。我们分担了他所受的苦，必能得到我们主的重视。"应当欢喜快乐，因为你们在天上的赏赐是大的。"这个观念对犹太人来说一定相当新奇，因他们通常把受苦和患难看成是从神来的咒诅。

这些就是主对于理想的基督徒品格的崇高概念。我们是否具有这样的品格？这些会不会显得太高不可攀？神不谈什么标准，他只以他儿子的品格为准。他也期望我们都拥有他的形象，圣灵也极乐意帮助我们完成这项工作。

第十二章
基督门徒的条件

"到我这里来……跟从我……"

（路14：26—27）

读经：《路加福音》14章25-33节

　　新约充满了关于如何做门徒的教训及其相关的事。在我们主的教导中，如何做门徒占了极重的位置。但在他的教会的教导里，这部分内容受到忽视，大大被削弱了。原因不难发现——在基督的时代，他这方面的教训最不受人们欢迎，时至今日，人心依然如故。他在提到如何彻底地做门徒时，所定的条件如此严格，以致人们察觉到要付出这么大的代价后，都纷纷离他而去。

　　耶稣当时有一个难得的机会，可以利用他近数月来所获得的名望得些好处。"有极多的人和耶稣同行"（路14：25），他们留心听他说的每一个字。他如何利用这个绝佳的处境？他是否行一些动人的神迹，以进一步激起他们的好奇心？他是否夸奖他们，以诱取他们的奉承？他是否给予一些特别的诱导或特权，以得到他们的归顺？相反的，他似乎故意立下一些不必要、难以达到的条件，来减低他们的热心。他真是一个奇怪的领袖，竟然有意给支持他的人浇冷水。他不是非常迫切地想要得到他们的拥护吗？我们常会为了争取群众而降低自己的要求，耶稣却故意将跟从他的条件定得严苛，有意削减那些可能成为他门徒的群众数目（参见路9：57-62）。

基督肯定而清晰地指出，做他的门徒不是轻而易举的，不是仅仅接受某个教条就够了，乃要付出代价。这听上去毫不动人，也不令人兴奋，而是严格无比。他没有表示做门徒是轻松愉快的，反而强调个中的艰辛和危险。他很少说到我们会喜爱的朋友，却屡次提及可能会遇到的敌人。不是充满应许、足登银履的道路，却是怪石嶙峋、脚穿铁鞋的途径。他从不抛出诱饵以吸收新鲜血液，也不遮掩做他门徒所需付出的代价，每一个跟从他的人都得张大双目才行。

精明的领袖都知道一个事实，就是面临最艰难的挑战，才能得到最佳的回应。加里波第（Garibaldi）准备出征，将他的国家从入侵的外族手中抢救回来。这时，他遇见一群闲散的青年，便邀他们加入他的十字军。"你能给我们什么呢？"他们问他。"给你们什么？我既不支付薪水，也不供应住处、粮食。我只能给你们饥饿、口渴、强迫行军、战斗、死亡。让那些用心灵而不是嘴唇来爱自己国家的人跟从我吧！"他们都跟从了他。传道工作也常是充满苦痛、艰难、困窘和危险的，为的是最崇高的目的，而许多年轻人仍然接受神的呼召去为他牺牲。

"门徒"一词意指"学习者"，这个名词的含意，乃指一个人在学习时抱着一个目的：要将所学的付诸实行。一个门徒应该是自愿到基督学校中学习的学生。耶稣先发出邀请："到我这里来！"继而又说："跟从我。"但是，并非每一个到他面前得救恩的人，都心甘情愿牺牲自己来跟从他。虽然"门徒"和"信徒"应该是同义词，但实际上并非如此。

为什么我们的主要将做门徒的条件定得如此严厉，以致可能失去众人的支持？因为他重质不重量，他要的是经过挑选的人。像基甸的军队，在危机来临时，他能信任他们那不可摇动的忠诚。主要的是值得信任的门徒，在建立他的教会或与恶魔争战时他们能靠得住（参见路14：29、31）。一旦门徒认识到了基督的尊贵和荣耀，以及他应召入伍的目标，他就会甘心乐意付上任何代价。

几世纪前，有一个东方的国王，他的军队出去侵略他国，几乎无往不利，所向无敌。大军逐渐逼近一个名叫塔伯（Abu Taber）的年轻首领的领土，由于听说他英勇无比，国王不忍心杀他，便派使节前去谋和。塔伯听完了使者的建议，便召来他的一个士兵，交给他一支短剑，并下达命令："刺进你的胸膛！"这位士兵照办，立即倒在地上死了。塔伯又唤来一个士兵，下令："从悬崖上跳进幼发拉底河！"士兵毫不犹豫，一跃而下，葬身河底。塔伯转过来对使者说："去告诉你的王，我手下有五百个像这样的勇士，二十四小时之内我就会把他和我的狗用链子锁在一起。"国王继续挥兵前进，他们虽人多势众却无济于事，抵挡不住塔伯那些绝对忠诚、视死如归的勇士。不到一天的功夫，那国王就和塔伯的狗拴在一起了。质的重要在于此。

正确说来，基督从未受到过大众的欢迎。一个流行、受人欢迎的宗教和主的教训是背道而驰的。"人都说你们好的时候，你们就有祸了，因为他们的祖宗待假先知也是这样。"（路6：26）他如此警告。相反的，一个基督徒若因基督的缘故，被人辱骂、捏造坏话毁谤，他是有福的（参见太5：11）。主要我们分享的，不是他的声望，而是他的毫无声望。"我们也当出到营外，就了他去，忍受他所受的凌辱。"（来13：13）我们要预期"凡立志在基督耶稣里敬虔度日的，也都要受逼迫"（提后3：12），而不是享受声名远播的甜头。主邀请我们"和他一同受苦"，而不是浸沐在他发出的荣耀里。如果我们没有怎么经历到"十字架讨厌的地方"，那是因为我们也像彼得一样，"远远地"跟随着主。

耶稣曾非常严肃地声明："引到永生，那门是窄的，路是小的，找着的人也少。"（太7：14）所以，如果我们发现这条满是管教的道路上人迹稀少，也不必大惊小怪。像这样的教训，很快就会使得跟随的群众人数大减，令那些浅薄的人打退堂鼓。"只要教会带着伤痕，"哈弗纳（Vance Havner）①说，"他们就在向前进。 旦他们佩戴起勋章，就逐渐失去起初的动力。中古时期基督徒被投入狮子口的时代，教会真是大大兴旺，远甚过他们可以买季票坐在堂皇看台上时的光景。"

---

① 哈弗纳（1901–1986），又译"贺凡司"，浸信会布道家。

在他的讲道中，我们的主提及要"算计花费"。关于这点有两个解释。一个是说那些想当门徒的人，在他们踏上这条艰难的门徒之路以前，应该先好好算计一下所要付出的代价。这种解释当然没错，基督提出的三项不可或缺的要求重点即在此，这也是整段经文的精髓所在。但另外有些人强烈主张，以逻辑的、一贯性的方法阅读此段经文后，唯一的解释应该是：基督才是那个盖楼的人，才是那位出征的王。应该是他来算计所需的花费：使用那些只在名义上听命于他，却不肯自我牺牲的人，去为他盖楼、为他出征，他是否划得来？这些使命关系重大，只有当我依从他的条件、甘心至死跟随他时，他才敢接受我做他的门徒。

他宣布了做门徒必备的三个条件。

关于内心情感——一种无可匹敌的爱

"人到我这里来，若不爱我胜过爱自己的父母、妻子、儿女、弟兄、姐妹和自己的性命，就不能作我的门徒。"（路14：26）。只有爱他胜过所有人时，我们才能做他的门徒。跟从他需要绝对的忠诚。接受他有时会引起分裂，在基督和我们的亲属中必然会有相反的意见，基督不能允许我们内心情感的领域中，有别的竞争者。

英文圣经中是说"人要恨自己的父母、妻子、儿女"等。"恨"字在这儿听来很刺耳、不讲理。但这个字是一种连带关系的用法，而不是字面本身的意思，它乃指"比较少爱"。那些情感不平衡的狂热者，不能在这儿为他们欠缺自然情感找借口。

耶稣并没有自相矛盾，他要人尊敬父母的命令，和这个命令并不冲突。耶稣说这话的时代，一个人要做他的门徒，可能会与家庭冲突，或遭到社会的排斥。在西方国家，较少牵涉到家庭或社会的拦阻，但在许多宣教士去的国家，情形就大不相同：人如果宣布他归属基督，可能因此而失去工作、妻子和儿女，甚至他的性命。但基督并未因此降低他的要求。

耶稣并不是违反传统、冷漠无情的人。他也要求我们有孝心、夫妻之爱、亲子之情。但他知道，往往"人的仇敌，就是自己家里的人"。考验的关键在于：人天然的爱，是否超过对他的爱？我们若做他的门徒，在每一项危机中，就都必须让对他的爱获胜。事实上，当我们优先将自己的情感给他时，每一项人际关系也将因之越来越好。我们对亲属的爱绝不会因为对主的爱而减少，反而会增加。

他进一步要求我们对他的爱，要胜过天性中对自己的爱。"和自己的生命"这个条件，越过家庭的圈子，触及到一个人自己生命的大本营。基督希望我们永远弃掉对自己性命的固守、爱护。每个门徒都该像保罗一样，能说："我却不以性命为念。"

如果我们心里对基督没有这种无可匹敌的爱，他就肯定我们是不能做他门徒的。

关于生活方式—— 一种背十字架的艰苦道路

　　"凡不背着自己十字架跟从我的，也不能作我的门徒。"
（路14：27）

　　卢勒（Ramon Lull）[1]曾述说他如何成为宣教士。本来他一直过着豪华、舒适的生活，有一天在他独处时，基督背着他的十字架前来对他说："帮我背这个十字架。"但他将基督推开，断然拒绝。后来，当他在安静的大教堂里时，基督又来了，要求他背他的十字架，他再度拒绝。基督第三次来时，卢勒回忆道："这回他什么话也没说，默默将十字架交在我手中。我除了背起它，还有什么别的办法？"他确实这样做了，最后被人用石头打死，为主殉道。

　　基督所说"自己的十字架"是什么意思？当然不是指肉体上的软弱、脾气上的缺点，或是不幸、麻烦、疾病。这些都是人普遍、不可避免的遭遇，不论基督徒或非基督徒都是一样。我们的主将"如果"这种假设语气放在他的声明前面，暗示这里需要自愿的心。十字架最简单的意义，就是代表羞耻、痛苦和死亡。它象征着被这世界所弃绝。很明显的，这话含有在他十字架的耻辱、痛苦中，与基督认同的意思。背起我们自己的十字架，是可以选择的。不像古利奈的西门，耶稣的十字架是硬加在他身上要他背负的。背自己的十字架，乃是甘心乐意为了他的缘故，分担这个世界所加诸的侮辱、憎恨、放逐。因此，根本就不存在属世界的"门徒"。保罗深知与那位钉十字

---

① 　卢勒（1232–1351），西班牙的伟大圣徒，神秘主义者。

的基督认同会遇到的情况："被人咒骂，我们就祝福；被人逼迫，我们就忍受；被人毁谤，我们就善劝。直到如今，人还把我们看作世界上的污秽，万物中的渣滓。"（林前4：12-13）

当我们自愿接受不顺遂的环境，把它当作治死我们的私心和自我中心的工具，我们就是在背自己的十字架了。正确地接纳生命中的折磨、限制、试炼，可以将我们领至与基督同钉十字架的地位。塞缪尔·拉塞福德说："那些看见十字架光明的一面，并且慨然背负起它的人，会发现十字架虽是一种负担，但就像翅膀对鸟所形成的负担一样，是有益无害的。"

如果我们不愿意持续地背负十字架，我们就不能做他的门徒。

有关私人财产——无条件放弃

"你们无论什么人，若不撇下一切所有的，就不能作我的门徒。"（路14：33）我们的主所提出的第三个做门徒的条件，乃是完全放弃所有的，而不只是放弃大部分。他说的是"一切所有的"。《新约详释》（*Amplified New Testament*）里，"撇下"一词引申做"抛弃、声明缴出、放弃、道别"的意思。主的要求是如此绝对，令人吃惊，不允许有任何的例外。他要求拥有处理他门徒产业的权利，因为在他智慧的大爱里，他知道得最清楚。

对大多数的人来说，财产、物品、产业很容易变成他们爱慕、热衷的对象。财物可以变成暴君，辖制着我们。但我们不能又侍奉神，又侍奉玛门，不能同时向两个主人效忠。当一颗心被两种事务分割时，我们就不可能做好门徒。主在这里教导我们一个功课：我们只是产业的受托人，却不是拥有者。

做门徒并非一定要变卖一切，把所得的款项都捐出去，但也不能排除这个可能性。耶稣的门徒说："我们已经撇下所有的跟从你了。"（太19：27）保罗说："我已丢弃万事。"（腓3：8）早期的教会，据记载"没有一人说他的东西有一样是自己的，都是大家公用"（徒4：32）。不管这个条件还牵涉什么其他的事，它的意思是：我们必须诚心地放弃一切所有的，这样才能永远免于贪婪和自私。我们的主期望我们将自己所有的，轻松地捧在手里，而不是紧紧握住不放。我们的态度应该是："主啊！你想要我的什么，请随便拿吧！"

若不这样，我们就不能做他的门徒。

想去服从这三项不可或缺的命令，需要强有力的动机。基督自己就是最好的例子。他绝不会要求我们做他自己不愿意做的事。为了爱我们"胜过"他的父亲和天上的家，他以无瑕疵的神人身份降世，住在充满罪恶的世上，甚至连枕头的地方都没有。为了我们的缘故，他"背着自己的十字架出来，到了……各各他。他们就在那里钉他在十字架上"（约19：17-18）。为了我们永恒的丰富生命，他撇下了所有的一切。"他本来富足，却为你们成了贫穷，叫你们因他的贫穷，可以成为富足。"（林后8：9）难道仆人比他的主人还伟大吗？他这样甘心为我们所做的事，难道我们就不乐意为他做吗？若完全符合这三个条件，我们才能真正成为他的门徒。

第十三章
基督个人的书信

"你要写信给以弗所教会的使者……"

（启2：1）

读经：《启示录》2章1-7节

　　这是一封由被高举的基督写给当时一个教会的私人信函。它确是有纪念价值的文件，我们能分享它里面的信息，也是一种特权。虽然信主要是写给以弗所教会，但最后它说"凡有耳的，就应当听"，因此对象中也包含了个人，也包括我们当代的人。在这封信里，有染着哀愁的感谢，也有称赞及谴责。基督表明他自己就是那位在七个金灯台中间行走的人，《启示录》1章20节指出七灯台象征七个教会。他监督细察那代表见证的灯是否明亮灿然，他在信中对这个教会提出道德上的审判，乃是基于他完全而准确的认识，因他说："我知道你的行为。"（启2：2）

　　以弗所是古代最有名的城市之一，它的居民称它为亚西亚的都会。它繁华富足、文明昌盛，却也腐败到极点。除了是一个重要的商业枢纽之外，它也集各种败坏的异端邪教之大成。它拥有华丽的狄安娜神（Diana）庙宇，乃是世界七大奇

观之一，这所庙为它带来了财富和声名。以弗所教会可谓得天
独厚，享有它的创办者及后继的牧者们所拥有的一连串属灵恩
赐。保罗、亚波罗、百基拉、亚居拉、提摩太和约翰都曾对这
教会的灵命状况有所贡献。从保罗给他们的信件中论到的属灵
真理，可以清楚地看到，他们抓住并且履行了所领受的属灵教
导。这一类的信徒组成了教会的核心，他们能融会贯通属灵的
教训。由这一点可看出他们的大概情形。

　　写这封信的时候，以弗所教会已成立了40年，它的会众大
多是第二代或第三代的基督徒。当初令他们的祖先感动的那些
新鲜、崇高的真理，现在已变得稀松平常。但先辈的恒心、力
量仍然历历在目，因此基督在这里表达他热诚的赞赏。

赞美

　　从他信件的开头，我们能够明显地看出主的机智和体贴。
值得一提的是，每当主要称赞一件事时，他总是一开始就提出
来，这也是人际关系中该有的步骤。他毫无保留地称赞在他们
中间所表明的的四样美德。

　　首先，他们忠于工作。"我知道你的行为、劳碌、忍耐。"
（启2：2）这教会的整个工作、行为由此可窥其大貌——在疲
乏中仍牺牲苦干、不屈不挠、忍耐到底。这教会好像一个殷勤
工作的蜂巢，充满各样的善工。他们的忍耐毫无被动之处，是
一种埋头苦干直到精疲力竭的耐力，因此基督称赞他们。有一
点值得注意，这里用的三个名词同样也出现在保罗写给帖撒罗

尼迦人的信中，他称赞他们"因信心所作的工夫，因爱心所受的劳苦，因盼望我们主耶稣基督所存的忍耐"（帖前1:3）。

其次，他们不容忍不义。"你不能容忍恶人。"（启2：2）这个教会绝不宽恕他们中间任何不洁净的事，它有充分的属灵干劲，去操练健全的管教。为此他们受到神的夸奖。以弗所教会可以容忍任何事，除了在它中间的不义。

第三，他们对教义能分辨清楚。"你也曾试验那自称为使徒却不是使徒的，看出他们是假的来。"（启2：2）这里所用动词的时态，显示出我们的主指明他们中间最近正在发生一个危机，他们不得不试验尼哥拉党人的教义（参见启2：6）。耶稣谴责尼哥拉党的人，他们自认和原先的使徒同等，甚至高过他们。保罗早在他告别的谈话里警告过以弗所教会（参见徒20：29），他们也一直谨防着他暗示的那些"凶暴的豺狼"。这些信徒们小心辨别所听到的，所以没有受蒙骗。他们不只是考察这些人的话语，也考察他们的行为，并且拒绝他们。为了这缘故，那位代表真理的基督称赞他们。"你恨恶尼哥拉一党人的行为，这也是我所恨恶的。"（启2：6）伊格那丢（Ignatius）[①]为以弗所教会的人做见证："你若只听从真理，异端就无法在你们中间生根；如有一个人不传与基督耶稣有关的事，就不要听从他。"

第四，他们在患难中忍耐。"你也能忍耐，曾为我的名劳苦，并不乏倦。"（启2：3）在猛烈的患难火焰中，他们展示

---

① 伊格那丢（67–110），早期教父，与坡旅甲同为使徒约翰的门徒。

了出众的恒忍。

　　拥有那位"眼目如同火焰"的基督所给予的这许多称赞，以弗所教会真有十足的理由沾沾自喜。我们还能对它有何要求呢？如果我们自己的教会配得这些赞美，我们会多么心满意足啊！但是基督锐利的眼睛，看到了隐藏在美丽外表下面的一个致命缺点。他灵敏的耳朵，发觉到这教会缺少了一个音符。

谴责

　　"然而有一件事我要责备你，就是你把起初的爱心离弃了"（启2：4）——你失去了最初的爱心。耶稣以前的预言实现了（参见太24：12）。乍看之下，这一点并不太重要，尤其是他们已经有了那么多可钦佩的美德。这种看法其实非常肤浅。对妻子来说，丈夫遗弃了最初对她的爱，难道是一件微不足道的小事？如果他撤回了他的爱，那么再华丽的房子、再丰厚的存款、再崇高的社会地位，对她来说都形同灰烬。没有一种痛苦，比付出爱而无人回报更悲哀、更沉痛了。

　　显然这个忠心、忙碌、正统的教会，曾发生一些危机，使得他们对基督的爱减退了。是不是他们太热心于善工，以致冷淡了对主的爱？是否他们太忙于谴责尼可拉党的行为，而停止了去爱基督？丧失爱主的心可非寻常小事。刚刚悔改的帖撒罗尼迦信徒，他们辛苦工作、忍耐，激发他们的动机便是——信、望、爱。但是，第二代的以弗所信徒们，已逐渐丢弃了信、望、爱，剩下的只是工作、劳碌、忍耐。失去了那些鼓舞人的动机，他们的工作变成一种负担，他们的正统信仰也变得死板。只有对基督的热爱，才能使得这些工作具有恒久的属灵价值。苦干、奋发甚至自我牺牲，都无法代替爱心。

人不把失去对主的爱看作严重的事，主却视之为一项重大的罪，除非人悔改，否则就会导致教会的见证化为乌有。教会失去了最主要的目的，就没有存在的必要了。

忠告

首先，这位至高的基督要求教会回想："所以应当回想你是从哪里坠落的。"（启2：5）此时需要回顾前尘，并且瞻望未来。回想有时能带来有益的效果。我们很容易忘记那些不愉快或不受欢迎的事或真理。如果我们现今对基督的爱，比以前刚开始新生活时的少，他说我们已经坠落了——不是跌进一个显著的罪里，而是从对基督的爱里掉出来。让我们回忆一下，是否以前我们对主的爱，比现在火热、肯牺牲？"回想"是一种强制的语气，我们的主是在命令我们好好用我们的记忆。确实早期的爱心常比后期的爱心丰富，但是爱逐渐成熟后，应该变得更有深度、更强烈，这不也是我们的经验吗？

耶利米的预言，有一段非常沉痛。

> 耶和华的话临到我说："你去向耶路撒冷人的耳中喊叫说，耶和华如此说：'你幼年的恩爱，婚姻的爱情，你怎样在旷野，在未曾耕种之地跟随我，我都

记得。'"（耶2：1-2）

耶和华带着忧伤和甜蜜的心情，回忆他的子民早期对他的爱是多么鲜明、温暖。那是一种无私、舍己的爱。但是如今，爱的光彩已经黯淡。他悲哀地忆起以前的爱所具有的四个美丽特质。

他记得他们的爱是体贴的。"……你幼年的恩爱……我都记得。"当他们年幼时，他们爱他甚于任何人、任何事物。他们对他的感觉表现了敏锐、热忱的关切，事无巨细他们都考虑到他，并征询他的意见。一切行为的准绳，是想想这样做是否讨他喜悦。我们的生活中心是否已转移到以这个问题的答案为标准——这样做是否使我高兴？关系的修正无法代替这种体贴的爱。

他清晰忆起早期交往时，他们的爱多么忠诚。"你婚姻的爱情……我都记得。"新唤起的爱情是美妙的。戴德生（Hudson Taylor）在法国乘火车旅行时，一对年轻而且显然是新婚的夫妇进入他的那节车厢。他们对同车厢乘客的存在浑然不觉，那位新娘几乎片刻也不能将目光从爱人的脸上移开。她期待着他的每一个爱的表示，他们全然融化在对方里面。戴德生说："我的心不禁喊道：啊！但愿我对我的主也有这样的爱情！"

神带着感激，记起他们的爱是专注的。"你……跟随我。"他是他们世界的中心，一切事都环绕着他进行，他们的整个生命都由对他的忠诚推动。然而，现在"我"变质为"它"。效忠的对象，很容易由主身上转移到主的工作上。

卢勒是13世纪西班牙的一个贵族，他是杰出的大学教授。

他放下辉煌的前途去传福音。他曾两度被驱逐出境，并被禁闭在一个地牢中达一年半之久。他老年时被带到一个围墙边，用石头打死。他的最后一句话是："只有耶稣！"在他死前不久曾说过："没有爱的人，不能真正活着；靠着基督活的人，却永远不死。"他接受圣职时的誓言是："我的主我的神，我将我自己、我的妻子、我的孩子和我一切所有的都献给你。"一直到他死，他从未撤回对基督那种专注、独一的爱。

当荷兰的迫害盛行时，木勒格林（Geleyn de Muler）被告知，他必须放弃信仰并且停止读圣经，否则就得受火刑。他有一个妻子和四个孩子。"你爱你的太太和孩子们吗？"提特门（Titelman）问道。"神知道，如果天堂是一颗珍珠，地球是一块金子，即使我拥有这一切，若为了我的家人，我也乐意放弃，纵使我最后只剩下面包和水。但是为了基督，我绝不让步。"最终他被绞死并被火焚烧了。

神也没有忘记他们肯牺牲的爱。"你怎样在旷野，在未曾耕种之地跟随我……"那是一种不计代价、不怕冒险的爱。在他们当初献身给他的灿烂时光，只要能与他在一起，他们愿意牺牲一切，因为爱是不能忍受分离的。寂寞、缺乏、饥饿、贫穷都一无所惧，因为他们有他的同在做补偿。旷野毫无迷人之处，乃是充满引诱和试炼的地方。那是一块"未曾耕种之地"，没有保障，没有前途，但这些并不能减低他们爱的热诚。虽然毫无收获的可能，也没有未来的确据，但他们不顾一切跟从他。他满怀喜悦地回想起这爱，乃是一种弃绝其他所有的爱和希望，单单为了要与他在一起的深情。

　　其次，基督要求以弗所教会悔改（参见启2：5）。他提出一个强制性的命令，要他们在为时未晚之前，立即改变他们的心意、态度和行为。"悔改"这两字包含了理智和意志两方面的意义。以弗所人仅仅为失去对主的爱感到抱歉是不够的，他们必须重新建立对主的爱，这是他们力所能及的。"你把起初的爱心离弃了"所表达的，似乎在暗示着一个危机，在某个时刻，冷风已经开始吹袭了。旅客必须在他丢失手杖的地方，才能找回他的手杖；当我们丧失了起初的爱时，也需要做一次心灵的旅行去找回它。

　　最后，他要求他们更新。"行起初所行的事。"又一次强制的语气。他们要恢复以前所做的工作，特别指改变对主的心意，同时也要恢复当日曾使他们热心爱基督的活动，再一次燃起心中爱的火苗。爱不只是感情上的，也涉及理智。经过矫正和调整，爱是可以重拾的。

　　基督以一个严重的警告，来加强他的命令："……并要悔改，行起初所行的事。你若不悔改，我就临到你那里，把你的灯台从原处挪去。"（启2：5）显然这个要求生效了一阵子，对基督的爱重现在以弗所教会中，但维持不久。见证的灯化成蜡灰，历史说明了它的下场。今日以弗所只是一个肮脏的小村落，昔日风光不复见，再也没有任何基督徒的见证存在了。特伦奇（Trench）[1]报告说，一个前往该村的访客发现，那里只剩

① 特伦奇（1807–1886），英国圣公会大主教，诗人。

三个基督徒了，他们知识浅薄，甚至连保罗或约翰的名字都没听过。

这封信对我们现今的教会，具有时代性的信息和警告。教会生活中，若为了推崇、奖励其他的事物，而牺牲了对基督的热爱，也许会众仍保持原状，但实际上灯台已经被挪开了——名存而实亡。

奖赏

这封信并没有以消极的语气结束，它是以称赞开头，以奖赏结尾。"得胜的，我必将神乐园中生命树的果子赐给他吃。"（启2：7）这里有一个荣耀的应许，给那些听从主的勉励和告诫的人。凡得胜的，可以领受比祭偶像的食物更美好的东西，这原是以弗所信徒梦寐以求的，他可以自由接近伊甸园中那棵禁止亚当触摸的生命树，并有权吃生命树上的果子——从基督自己那里得饱足。人类因伊甸园中原始之罪所失丧的权利，又在以后时代的得胜者身上光荣地恢复了。

第十四章
借基督掌权做王

"何况那些受洪恩又蒙所赐之义的，
岂不更要因耶稣基督一人在生命中作王吗？"

（罗5：17）

读经：《罗马书》5章12—21节

"在生命中作王"（罗5：17），用这简短几个字，保罗就为基督徒的生活勾勒出一幅动人的图画。他写到君王时，可不是指现今我们少数的君主立宪政体中的君王。现在的国王或女王，大多数只是象征性的，实际大权操在议会和总理手中。在保罗的时代，国王具有绝对、专制的权柄。他如果仁慈，政治就清明；他如果昏庸，就形成暴政。心里对当时的王权存着这种观念，就可以完全明白保罗话语里的含义。但是这种对基督徒生活的想法，常常和大多数基督徒的生活有很大的距离。

彼此竞争的王权

《罗马书》5章里提到四个王权：

从亚当到摩西，死就作了王。（罗5：14）

罪作王叫人死。（罗5：21）

> 恩典也藉着义作王。（罗5：21）
>
> ……在生命中作王。（罗5：17）

根据保罗的比喻，有两个永远敌对的国度，竭力想要掠取并统治人类心灵的城堡——罪与死的王朝、恩典与公义的王朝。在两者之中站着基督徒，他所做的决定可以决定哪一个王朝会占上风。祆教（Zoroastrianism）认为整个宇宙就是这两个国度的战场，一边站着奥穆德（Ormuzd），一边是阿利曼神（Ahriman）。在这场宇宙的冲突中，一个人是属于哪一国度，完全出于他自己的选择。

我们无需怀疑神的计划和预备。"……在生命中作王"，"照样，恩典也藉着义作王"。神要他的儿女过得胜的生活，而不是失败的生活。保罗自己做见证说："感谢神！常帅领我们在基督里夸胜……"（林后2：14）这节经文描绘出一个国王打了胜仗凯旋时，受到他的王族和全国民众尊崇的画面。

经文中描述的理想生活和大部分基督徒的实际生活有很大的出入。有些人灵命丰富，有些人却灵命贫乏，总是排在等待救济的行列中。有些信徒只是勉强存活，有些稍微有力量，只有少数的做王。是我们自己决定要活在哪一个层面上：是要做罪的奴仆，或借着义做王。

皇族的特权

做王的观念通常含有某些大家都喜爱的特性，基督徒的生活也应该表现出这些特性。女王统治英国期间，虽然她不像保罗那个时代的王，拥有绝对的权柄，但我们期待她拥有高贵的特质，并且也在她身上发现了这些特质。她明白自己继承的王位意味着什么，严格的自我训练使她变得高贵，与她的地位相称。我们也在她身上找到迷人的个性，否则我们会大失所望。她对待富人穷人，都表现出一样的和蔼、一样的关怀。在旅行中，不管对她的要求多严格，也不管她自己是多么疲倦，她那可爱、迷人的风采从不稍减。其次是，她明白自己的权威，必须通过不断地运用她的王位所赋予的权柄来获得。凡和她接触的人，都感觉得到她的权威，而不敢态度随便。她承受着无穷的财富，想要什么就有什么。不管她的衣着和珠宝展现她多么富足，她总给人一个印象——她那隐而未露的产业才是无边无涯的。理论上来说，她享有无拘无束的自由，整个国家在她掌握中，其他人必须得到她的许可才能使用土地，而她在自己的领土内可以任意而往、随己意行。

这些生动的描述，使基督徒的生活呈现出一幅多么动人的画面啊——高贵、可人、权威、财富、自由。我们的神要我们相信，他既是万王之王，他的每一个儿女都可以也应该享受这些属灵的特质和王权。如果我们没有表现出或是享有它们，并非因它们高不可攀，而是我们并没有使用这些特权。神毫不吝惜他的恩典。他若赐下爱，"这爱是过于人所能测度的"（弗3：19）；若赐喜乐，那是"说不出来，满有荣光的大喜乐"（彼前1：8）；若赐平安，乃是"出人意外的平安"

（腓4：7）。我们的神是那位超越一切的神。

海蒂·格林夫人（Mrs. Hetty Green）是一个隐居者，住在美国一幢与世隔绝的公寓中。她腰缠万贯，因为她继承了价值2000万的铁路股票。她死的时候，人们发现她穿的内衣竟是用旧报纸拼凑缝起来的！也许这样她可以省些钱，但是我们绝不能说她过的生活和她的权益及财富相称。

我们是否也得承认，我们生活的层次和自己的属灵资源远不相称？我们不能够常常"得胜有余"。我们不但未做自己、环境、罪的王，反而常受它们的辖制。我们满怀希望地读到那个确切的保证——"罪必不能作你们的主"——但又不得不承认："耶和华我们的神啊，在你以外曾有别的主管辖我们。"（赛26：13）《罗马书》5章17节提到的诱人应许，简直是吊人胃口、遥不可及。我们不但没有身穿王服，反而仍披着旧报纸。"我充分了解到，这是一种大家都体会不到的经验，"克洛博士写道，"那是一个充满福祉和幸福的领域。有些人根本不敢奢望，其他人则不热切去追求。我们都活在很低的层次里，而我们本来是不必这样的。"

统辖的臣民

做王就表示他有统辖的臣民。受统治的臣民是些什么呢？罪和死做王，就是权势统治人性；恩典和公义做王，就是人性统治权势。神已赐给我们王权，去统辖那些暴虐的、使人灭亡的权势。

罪

"罪必不能作你们的主。"（罗6：14）如果我们仍活在罪的统辖下，那是因为我们对脱离罪的法子不加注意，或是因为我们已沉溺罪中太深，不想被拯救出来，并不是因为基督的死和复活没能带来足够拯救我们的救法，或圣灵尚未赐下。因为保罗说："死也不再作他的主了……罪必不能作你们的主。"（罗6：9、14）围绕在四周的罪，好像老虎钳一样紧紧压住我们，并且勒死了我们的属灵生命。但是我们可以胜过每种罪。别再被罪包围，让它摧毁我们的属灵经验。

环境

我们如果不能统辖住我们的环境，就会被它辖制，没有中间的路可走——不是被它玩弄于股掌之中，就是它成为我们的猎物。在《罗马书》8章的最后几节里，保罗列出了一连串信徒可能遇到的最坏景况：患难、困苦、逼迫、饥饿、赤身露体、危险、刀剑……最后，他说："然而，靠着爱我们的主，在这一切的事上已经得胜有余了。"（罗8：35-37）当我们与主一同得胜时，就没有必要对肉体的软弱做丝毫的让步。

挫折

这个名词在现代的心理学术语中已被运用得相当普遍，因为它指出了许多未降服于基督主权的人的特点——生命毫无目标、挫折连连。但对那些让神管理自己生命的人来说，他们实在没有必要感到挫折。早在耶稣降生以前，就有这样的预言：
"我的神啊，我乐意照你的旨意行。"（诗40：8）耶稣的生
活也处处证明了这宣告。这听起来就不像挫折，生命中以遵行
神旨意为高尚的目标，就有无穷无尽的喜悦和快乐泉涌出来。

缺乏

　　在我们过低层次的生活、缺乏属灵的服侍时，那些被我
们用来当作借口的原因，也可能在实际上带来无穷祝福。"虚
心的人有福了。"主如此说，就是指灵里贫乏的人。但只有当
我们依靠基督这永不枯竭的源头时，缺乏才能带来祝福。只是
辩称自己一无所有，并不能讨神的喜悦。摩西就学到了这个教
训。神托付一个工作给人时，也供应一切所需要的装备。保罗
的见证是："我靠着那加给我力量的，凡事都能作。"

情绪状况

　　没有任何暴君能比我们的情绪更专横，也没有任何东西
能比我们的感觉、情绪，更能使与我们共同生活和工作的人饱
受折磨。许多家庭常存在着一种紧张状况，若非他们中间有激
烈的冲突，就是因为家庭成员中有人不能控制自己的情绪。他
们走到哪里，就在那里制造出一种紧张气氛。早晨，当他们下
楼时，家里其他的人都得暗暗地察言观色，看看今天吹的是什
么风、今天他们的情绪如何。我们应该牢记于心一件事："感
觉"不能作为推卸责任的借口，它们乃是我们内心情况的反

映。如果我们不够成熟，我们的感觉也是不成熟的。如果我们在心灵深处和主的关系恰当，我们也能恰当地处身于各样环境中。我们应该活在意志的领域里，而不是活在情绪里。我们选择做怎样的人，就会成为那样的人。做王不是一种情绪性的事，乃是有目标地去运用所认识的王权。神的意思是要我们登上宝座来管理各样的感觉。

恐惧

《希伯来书》的作者谈到那些"一生因怕死而为奴仆的人"（来2：15）。

> 被缚的，将要得释放；
> 为奴的，将要得自由。

惧怕固然常是有根据的，但很多时候它只是一种捉摸不定、难以名状的恐惧，能抓住我们的灵魂，使它变得麻痹。有些人什么都怕：怕人、怕过去、怕未来、怕未知之事、怕负责任、怕做决定……而"惧怕里含着刑罚"（约壹4：18）。但是我们何等光荣，能够做王统治我们一切的恐惧。"因为主曾说：'我总不撇下你，也不丢弃你。'所以我们可以放胆说：'主是帮助我的，我必不惧怕……'"（来13：5-6）请注意，克服惧怕要做两件事：确信神的同在，用意志做不变的决定。因为神是我们的帮助，所以我们毫无所惧。那常在的神，可以坚固人类薄弱的意志力。

做王的资源

这节经文的意义在于：它指出，没有任何我们所需要或渴想的属灵福分，神未曾预备。注意一下我们可以支配的资源有些什么："洪恩"、"所赐之义"。我们也许能在理性上同意神恩典的供应远比我们所需要的更丰富，但是一旦用在实际生活上，就完全不是那么回事。资源的确存在那里，但并不实用。

值得注意一点，我们"在生命中作王"，是不能与基督脱节的。保罗说得很清楚："……因耶稣基督一人在生命中作王……"我们在生命中做王，乃是他在我们里面做王的结果。如果他在我们里面做王，我们就在生命中做王。他已经将自己得胜掳来的战利品预备妥当，只等待我们去享用。

　　　　他在基督里曾赐给我们天上各样属灵的福气。
（弗1：3）
　　　　神既不爱惜自己的儿子为我们众人舍了，岂不也把万物和他一同白白地赐给我们吗？（罗8：32）
　　　　万有全是你们的……并且你们是属基督的；基督又是属神的。（林前3：21、23）

这几节经文清楚地道出，神是不偏心的，两个基督徒所领受的福气不会有任何差异。这些做王的资源不会对某些信徒就显得残缺不全。他对全体一视同仁，唯一的差异在你是否接受。

也许有人会问，既然这些资源是给所有在基督里的人，为什么在基督徒的生活中却鲜见它们的存在？难道头部富有，身体贫乏？是的，当血液循环不通时就会发生这种现象。信心是属灵生命的血液，信心失去功用时，难免导致灵命的贫乏。

做王的秘诀

"那些受洪恩又蒙所赐之义的，岂不更要因耶稣基督一人在生命中作王吗？"，保罗如此声明。接受和做王是连体婴，二者不能单独存在。神所配合的，人不能分开。如果有些人长成属灵的巨人，其他人仍然在灵性上做矮子，那是因为有些人拼命接受，其他人却将神的洪恩闲置一旁。

取得并运用神的恩典，就是抓住神，并将他的恩典转换成基督徒的经历。要求神兑现他的应许："我深信那在你们心里动了善工的，必成全这工。"（腓1：6）他的应许不会因不信而动摇。我们每个人都和最伟大的圣徒一样，拥有相同的属灵资源。我们"在生命中作王"的程度，由我们取得的资源和实际使用这些资源的程度来决定。在浪子的比喻中，我们的主清楚说到那位好父亲"把产业分给他们"——两兄弟所得均等。然而大儿子还抱怨："你并没有给我一只山羊羔，叫我和朋友一同快乐。"（路15：29）差别不在于分配的产业，而在于使用与否。那个浪子至少接受了父亲分给他的产业，给了他父亲面子。

我们是否享受到属灵的福分，完全看我们是否使用它。当我们渴望、希冀，甚至祈求一些东西时，我们并不能享受它，只有当我们接受以后，才能享受。我们可能一辈子都在羡慕着能够做王的人，但是只有我们真正去接受神的应许，才可能使梦想成真。神早就把迦南地应许给以色列人，但是很长的一段时间中，他们并没有享受到这个福分——一直到他们走进那块土地，亲自接受了它。如果他们一开始就接受，并且将神赐下的土地当作自己的，他们就可以提早四十年进入迦南地。

假设我们在银行里有一个账户，我们没有必要在柜台央求提款，只要借着一张支票，就可以提出自己的钱。据说圣经里有神对他儿女的3万个应许，但如果我们不亲自去接受，这些应许就和报纸上的声明一样，对我们毫无价值。

费城的市政厅前，高耸着彭威廉（William Penn）①的雕像。他是宾夕维尼亚州贵格会的创始人，一向善于和印第安人打交道。印第安人发现他仁慈可亲，有一次告诉他，他们打算送给他一块土地，范围是他一日之内步行所能及的地方。他相信他们的话，第二天起了个大早，开始一整天的步行。到深夜的时候他才返回，遇见一群脸上挂着奇怪笑容的印第安人，他们说："这个白人佬今天可走了不少路啊！"但他们仍兑现了先前的诺言。彭威廉接受了那块土地，也就是今日的费城。难道神对他的诺言的信实，还会逊于那些印第安人吗？

也许有人会抗议，认为这些例子都只适用于实际的事情，而属灵的福气却捉摸不定，运用起来困难重重。可是我们不也总是在运用一些无形的东西吗？爱情也许可以任意施舍、漫无限制，但只有它被信任、被接受以后，人才能真正享受它。饶

① 彭威廉（1644–1718），英国地产大亨，哲学家，在宾夕法尼亚州建立了英国在北美的殖民地。

恕可以白白得来，但只有在被相信、被接受的情形下，才能带来安慰。当主说"你的信救了你"时，他说明了属灵生活的一个永恒法则——只有你去取，你才能得着。

迈尔博士生前曾叙述他怎样学会使用王权的秘诀。当时他正在向一大群孩子发表演说，孩子们越来越吵，简直无法无天。他发现自己的耐性迅速地消退，知道他一向驾驭不住的脾气又快爆发了。他为自己的失败感到羞耻，却无能为力。就在濒临爆炸的边缘，他在心中喊道："主啊！你的忍耐！"霎时，基督的忍耐好像一股清流，注入他的心里。所有的愤怒、烦恼都一扫而光，他终于把那次的聚会做了圆满的结束。

这次的经验如此奇妙，具有决定性，把他完全救拔出来。他由此知道，自己发现了一个珍贵的秘诀。他做见证说，从此以后，他就一直使用同样的秘诀。他保留这句话："主啊！你的……"然后将他当时的需要放进去。他觉得孤独吗？"主啊！你的同在！"他害怕吗？"主啊！你的镇静！"受污秽的事引诱吗？"主啊！你的圣洁！"感到被别人批评吗？"主啊！你的爱心！"神赐给他"一切关乎生命和虔敬的事（彼后1：3）"，他每遇需要就拿出来用。他发现基督补足了他一切的需要。我们也会和他一样，证明用口去求的信心和实际使用的信心，两者之间是迥然不同的。只有接受的人，才能在生命中做王。

第十五章
圣灵：神的气

"从天上有响声下来，好像一阵大风吹过。"

(徒2：2)

读经：《约翰福音》20章19–23节；

《使徒行传》2章1–4节

在复活节和五旬节之间停滞不前——这是许多基督徒灵性的显著特征，值得我们深思，也值得我们亲自去体验。一个人可能仅享有基督复活的喜乐，却没有领受过复活的基督所应许的大能。五旬节正是这能力的代表。为什么早期教会所发挥的属灵能力，和今日教会的能力，有相当大的区别？简单的解释就是：我们不可能没有根而结出果子。早期教会的成就，乃是他们接受了圣灵大能的结果。圣经很清楚地说明，今日的基督徒仍能像五旬节时代一样，得到这种膏油和供应。

五旬节是继续完成加略山工作的必要步骤。就像一个椭圆形，基督徒的信心和经验乃是环绕着这两个中心旋转的。若没有五旬节，加略山就失去了它的意义，无法赎回失落的世界，好像完成了一部造价昂贵的机器，却忘了加上动力。救赎计划中有几个基本事件：我们的主借着童贞女诞生、他圣洁的生活、替罪人死、胜利的复活……这一切已经完成有四十几天的时间了，但一切看来仍无动静。一直到五旬节那一天，救赎的机器才开始运转。

五旬节，见证了神最高旨意和人做好属灵预备这二者的结合。神已把实现他旨意的事托付给这些人。圣灵降临的确切时间，早在好几个世纪前就指明了。五旬节是在逾越节过后50天举行（参见利23章），应该是在我们的逾越节羔羊基督为我们牺牲后的50天。结果确实是在那一天，极大的祝福临到。

爱德华兹（Jonathan Edwards）①和芬尼（Charles G. Finney）②是18世纪两位伟大的复兴布道家。爱德华兹主张复兴乃是神至高的行动，无法靠人类的预备和努力获致。芬尼则正好相反，他认为神随时准备着赐下复兴，只要人在心里预备好要付上代价，就可以获得复兴。五旬节证明了两者都对，也可说两者皆错。圣灵只在"五旬节到了"（徒2：1）的时候才降临。其他的日子里，门徒这一方再倒空自己、心里做好预备，圣灵也不会降临。另一方面，圣灵也不会在人们毫无准备的情况下临到。十天的祷告和等待，使门徒开始对"父所应许的"（路24：49）圣灵充满迫不及待的心情。到了五旬节，神至高的旨意和人必需的预备均臻成熟，紧随着的就是神的介入，自然发生了"从天上……下来"的三种超自然的现象。

"忽然，从天上有响声下来，好像一阵大风吹过，充满了他们所坐的屋子。"（徒2：2）这是一个共同的经验，象征着

① 爱德华兹（1703-1758），18世纪美国大觉醒运动的领导者，神学家。

② 芬尼（1792-1875），美国第二次大觉醒的领导者，当代奋兴运动之父。

教会中圣灵的奇妙更新和洁净。

"又有舌头如火焰显现出来，分开落在他们各人头上。"（徒2：3）这次是个别的经验，象征着圣灵融化、火热、洁净的工作。

"他们就都被圣灵充满，按着圣灵所赐的口才说起别国的话来……这声音一响，众人都来聚集，各人听见门徒用众人的乡谈说话，就甚纳闷。"（徒2：4、6）这乃是受圣灵充满的男女见证的结果。他们用如同火焰的舌头，述说神奇妙的作为——和巴别塔事件正相反。那时众人诧异，因为一种语言忽然变成了好几种。现在他们又感到纳闷，因为各样语言又归回为一类。

五旬节固然是神命定的时间，也有其历史性的意义，但它对于初代使徒和我们这些因着他们的话信基督的人（参见约17：20）也具有个人、实用的意义。使徒们意识到发生在他们中间的事非比寻常。他们没有因"怕犹太人"（约20：19）而躲在紧闭的门后面，反而"放胆讲论神的道"，并且"存着欢喜诚实的心用饭，赞美神，得众民的喜爱"（徒2：46-47）。

聚集在耶路撒冷的众人，知道门徒中发生了一些令人费解的事。他们想要解释这种奇异的转变，有人讥诮说："他们无非是新酒灌满了。"（徒2：13）说这话的人还不知道，这与事实相距不远。彼得像以前一样，胸有成竹地回答：是的，他们是醉了，但喝的并非世上的东西，而是来自另一个灵的源头（参见徒2：14-18）。他们酩酊大醉，不是因着魔鬼的刺激，而是因受圣灵的激动。人们寻找刺激，常常是因为感到缺乏，或是无力处理生活的困境。他们不得不找些外在的刺激。神知道人软弱的极限，他已经针对这种普遍性的需要，做了充分的供应。保罗针对此点劝告说："不要醉酒，酒能使人放荡，乃要被圣灵充满。"（弗5：18）他自己就是神圣的激励者。

圣灵临到门徒身上，所引起的转变非常惊人。复活的主对他们来说，变得生动、真实。他们讲起道来好像他就在身旁一样。他们对已耳熟能详的旧约圣经，有了全然、崭新的认识。在一连串的信息中，彼得颇有把握地说："这正是先知约珥所说的。"（徒2：16）他们的言论变得大有权威、锐利难当。从圣灵来的每一个字都深深打动人的心（参见徒2：37）。他们在听众的心里留下了救赎的信息，并在见证神的时候一无所惧。

他们转变的态度，最有意义的一点是：他们甘心乐意献身于福音的事工。在这之前，他们中间不断有纷争，争论谁为大。现在他们是一个忘却自我的队伍，只有一个目标：传讲基督。

宣信博士（Dr. A. B. Simpson）做了一个与此有关的挑战性说明："注入海洋的河流并不多，大部分河流都注入其他河流。最好的工人并不是那些仅为自己追求影响力、声望、地位的人，而是那些将自己所蒙的福倒出来、注入其他河流，并因此而满足的人。"

这就是初代基督徒，因着圣灵降临所得的转变。他不断更新的大能，又怎样在我们的生命里带来相同的经验呢？耶稣复活后，首次向门徒传讲的信息，就为这问题提供了答案。这问题是个人如何有份于圣灵工作所带来的福分和好处。

> 那日（就是七日的第一日）晚上，门徒所在的地方，因怕犹太人，门都关了。耶稣来站在当中，对他们说："愿你们平安！"说了这话，就把手和肋旁指给他们看。门徒看见主，就喜乐了。耶稣又对他们说："愿你们平安！父怎样差遣了我，我也照样差遣你们。"说了这话，就向他们吹一口气，说："你们受圣灵。"（约20：19-22）

为了明白主向门徒吹气所象征的意义，我们应该注意到英文的"灵"是源自拉丁文的"呼吸"（spiritus）一词。当我们吸气时，我们就是在"注入"，呼气时就是在"输出"。希腊文的"灵"（pneuma）同时含有风和呼吸的意思。希伯来文的"灵"（ruach）亦有相同的意义。约伯沿用了希伯来文所具有的双重意义，说："神的灵造我，全能者的气使我得生。"（伯33：4）这证实了"全能者的气"和"神的灵"为一体。他所用的这种象征性语言，在圣经中也一直被用来形容圣灵。圣灵有这样的称呼，因为他就是从神直接流露出来的，也是显明他临在的方式。

太初时候，为混沌的宇宙理出秩序的，就是神的呼吸（参见创1：2）。人变成有生命的灵，也是因着神将生命的气息吹入人的鼻孔（参见创2：7）。以西结见证，因着听从圣灵的命令而使死尸重获生命。他如此祷告："气息啊，要从四方

面来，吹在这些被杀的人身上，使他们活了。"（结37：9）

将此铭记于心，然后我们来看看基督向门徒启示他们力量的来源时，所做的象征性的行动。首先，他两度重复赐下平安（参见约20：19、21）。其次是大使命："父怎样差遣了我，我也照样差遣你们。"（约20：21）然后，他赐下圣灵："向他们吹一口气，说：'你们受圣灵。'"（约20：22）若无圣灵相助，他们无力执行他所托付的使命。五旬节圣灵的降临，是一个具体而微的预表，教导我们珍贵的一课。似乎是主在说："你只要吸气，接受我现在给你的圣灵。他能给你力量，完成我的使命。"

这种实际的呼出、吸入，说明了接受圣灵的方法。门徒吸进的，正是基督所呼出的。还有什么说明比这个更简明易晓呢？五旬节那天，神呼出一口气："从天上有响声下来，好像一阵大风吹过。"他们一口吸入，于是"就都被圣灵充满"。吸气简单地说就等于接受。我们吸气时，大气中能赋予生命力的同样东西，就进到我们里面。我们吸入或接受圣灵时，他所特有的品质就成为我们的特质。就像我们把一块铁放在火中，火进入铁里，铁也掺入了火的一些特性。

自然界有一个为人熟知的法则，就是排拒真空。在呼吸的时候，我们一吐气，就造成了一个真空，然后借着吸气填满真空。如果我们头一次，或是重新想要经历圣灵的充满，必须先放弃依赖其他的东西。将它们呼出去，然后吸进神的丰富和能力，使之变成我们自己的。

查普曼博士（Dr. J. Wilbur Chapman）是美国一位颇负盛名的布道家，他和查尔斯·亚历山大（Charles Alexander）搭配，在世界各地热心地布道侍奉。有一次，查普曼为他的事工缺乏果效而大感关切。"我究竟怎么回事？"他问迈尔博士，"我一再失败，总是觉得欲振乏力，问题出在哪里？"迈尔平静地回答："你是否曾试着一连呼三口气，却不吸进一口气？"查普曼立刻心领神会了。

也许有人会辩说，这个世代已在圣灵的管理之下，信徒不必要去接受圣灵，因为正如保罗所说："人若没有基督的灵，就不是属基督的。"（罗8：9）这当然没错，但是并非每一个信徒都知道他有圣灵，或认识他所有的圣灵（约14：17）。保罗在以弗所遇见十二个门徒时，"问他们说：'你们信的时候，受了圣灵没有？'他们回答说：'没有，也未曾听见有圣灵赐下来'"（徒19：2）。如果他们是真的信徒，就有圣灵住在他们里面。但他们忽略了这个事实，以致圣灵在他们生命中做工所产生的诸多益处被剥夺了。借着保罗的教导，他们才明白圣灵的大能。因为哥林多信徒可能有的疏忽，保罗才特地写信给他们："岂不知你们是神的殿，神的灵住在你们里头吗？"（林前3：16）"接受"一词的完整含意，包括了自觉的意志。"拥有"和"自觉接受"，两者不是常连在一起的。

如果我口袋中有张一千元的支票，但我自己不知道，或是虽知道，却不晓得它值多少，那么这支票对我一文不值。我接受它，表示我拥有了这张纸；除非我拿到银行，兑出同值的现款，否则我等于没有接受它。

若这是正确的，我们的责任就在：呼出，即把生命中一切污秽、没用的东西吐出来；然后吸入，即把绝对丰盛的圣灵，有意识地变成我们所拥有的东西。圣灵受差遣来代表救主，引导、掌管、加添力量给人。如果我们按这种了解接纳他，原来不自觉地住在我们里面的圣灵，就能在我们完全的认知和赞同之下，做他仁慈的工作。

> 向我吹气，真神之气，
> 以新的生命充满我，
> 使我爱你所爱，
> 做你所愿之事。

第十六章
圣灵转变的能力

"我们众人既然敞着脸得以看见主的荣光，好像从镜子里返照，
就变成主的形状，荣上加荣，如同从主的灵变成的。"

（林后3：18）

读经：《哥林多后书》3章1-18节

"我们如何才能变成主的样子？"这是许多人心里关切的问题。上面的经文提供了一个令人满意的答案。当然，这问题的答案不止一个，因为基督徒的经验因人而异，而且不是每个人都用同一种方式，或透过相同层面的真理，去体验这种至高的福气。

这段令人向往的经文之上下文，为律法的旧约和恩典的新约，勾勒出强烈的对比：一个是已成过眼云烟的荣耀，另一个是卓越无双的光彩；一个是脸上罩着手帕的摩西，另一个是已揭去帕子的信徒。旧约要求人类单靠自己的努力，去符合神在十诫中定出的圣洁标准。这个要求，只会使人陷入更深的绝望里。新约的至高启示，乃是要人的性格转变得像基督。这不需靠人痛苦地奋斗，只要仰望、相信，圣灵就会在信徒的心中运行做工。由摩西来的旧约，带来死亡和定罪；但因基督之死而来的新约，是成就义和生命的职事（林后3：7-8）。摩西处于旧约之下，他的渴望可在他的要求里表露无遗："求你显出你的荣耀给我看。"（出33：18）前面提出的经文，则显示了摩西当年的盼望在新约里实现了。"我们众人既然敞着脸得以看见主的荣光……就变成主的形状。"（林后3：18）

一个客观的异象

　　"我们众人既然敞着脸得以看见主的荣光，好像从镜子里返照……"（林后3：18）性格的转变，不是从主观的反省开始，乃是起自客观的异象。看见主的荣光以及那荣耀的主，就是"基督耶稣……神又使他成为我们的……圣洁"（林前1：30）。那么，在哪儿可以见到这个令人向往的异象呢？不是在明亮光耀的天空中，乃是在已经写成的圣经里——它像一面镜子，反映出基督完美的人性、无瑕疵的品格、独特的位格和担任中保的工作。提到神的话语，耶稣说："你们查考圣经……给我作见证的就是这经。"（约5：39）保罗主张"得知神荣耀的光显在耶稣基督的面上"（林后4：6）。但在何处才能真正见到他的面呢？不是在画家的画布上，因为最美丽的图画，也不过投射出画家个人对基督的观念。主的真容，只有在圣经中才能见到。因为这些记载耶稣生平的人，都是经过启示，并在圣灵的指导下，给我们留下了他最精确、完整的画像。

　　犹太人看见了他的面孔，但是他们对神的荣耀视而不见。因为他们心中蒙上了一块偏见、仇恨、不信的帕子，这帕子远比摩西为了遮住脸上的光芒而盖上的帕子更难穿透（林后3：7）。

然而保罗说，这帕子在基督里已经废去了（林后3：14）。现今，"我们众人"——不是那一小群特别圣洁的人——得以"敞着脸"正视他的荣光。这里的荣光当然是指在圣经各处闪闪发光的基督道德上的荣耀、他卓越的性格和行为。

一个主观的转变

"就变成主的形状。"（林后3：18）这客观的异象有一个主观的目的，就是变得像基督一样。神对我们目前的样子并不满意，若我们真正了解自己，我们也会对自己不满。但人子是父神所喜悦的，因他完美地达成了神的旨意，并遵从神的标准。因此神计划使他所有的儿女"变成"，或是说"改变形状"，像他一样。当我们的主在门徒面前改变相貌时，他暂时把肉身上的帕子抛在一旁，这帕子是用来遮盖他固有的、本质的荣光，好让一同上山的三个门徒看见。"我们也见过他的荣光，正是父独生子的荣光。"（约1：14）数十年后约翰这么说。"我们……乃是亲眼见过他的威荣。"（彼后1：16）彼得说。他是变像山上在场的三位门徒之一。我们先天的本质并没有这种荣光，神不仅要我们外表改变，内在也要转变。这转变不是稍现即逝的，我们不会像摩西那样丧失荣光。"以色列人因摩西面上的荣光，不能定睛看他的脸，这荣光原是渐渐退去的。"（林后3：7）我们的荣光可以长久保持，并且散发出去。"若那废掉的有荣光，这长存的就更有荣光了。"（林后3：11）

转变的方法是什么？是"看见"。不是强力挣扎，去抵抗那摄人心魄的荣光，乃是以坚定、专注的眼神定睛看基督，并且相信、依靠圣灵的帮助，以完成转变的工作。

这里用的"看见"一词，可以贴切地翻译成"观看"或"返照"。我们看见了他的荣光，就变成了他的形状。我们转变时，就在镜子中返照出我们所变成的样子。返照是"看见"所产生的必然结果。

有一项生命的法则：我们常定睛看什么，就会变成那个样子。眼睛对生命和性格有极大的影响。一个孩子所受的教育，大部分是透过他的眼睛所获得的。他长期看一些人的举止、习惯，久而久之就被塑造成同样的样式。这也说明了电影对年轻人的影响力有多大，他们逐渐变成所注视对象的样子。站在大都市的街上放眼望去，你会发现女明星的副本。影迷在衣着、言谈、举动上都尽量模仿她们。我们会变得像我们所羡慕的人。亚历山大大帝研究荷马写的《伊利亚特》，导致他出发去征服世界。威廉·古柏（William Cowper）①是一位著名的诗人，他年轻时多愁善感，曾阅读过一篇赞成自杀的论文。成年后他曾试过毁掉自己，他怀疑是受了早年读的那本书的影响。在属灵的领域里，许多有名的传道人也可以在他们的仰慕者中间，发现自己的模仿者。

有一次，我在一处偏僻的地方度假。到了主日，附近唯一的教会崇拜是由一个救世军的成员来主持。他是一个目不识

---

① 威廉·古柏（1731–1800），英国诗人，也是一位圣诗作者，浪漫主义诗歌的先行者之一。

丁的农夫，他的经文就是本章主题经文的起头几句。他口才不佳，显然也没有精读经文，在解经时问题丛生。但是他一再重复这节圣经，使得"看见……变成"这四个字深深地铭刻在每个人的心版上，难以忘记。他的脸容光焕发，流露出在主里明显的喜乐，这就是他所传讲的真理的实证。麦琴（Robert Murray McCheyne）①说过，信心的一瞥也许可以带来救赎，但定睛注目的信心能使人成圣。在夜深就寝时对基督匆促的一瞥，永远不能使人的性格有基本的转变。

宣信博士在这里，将我们的生命看作神所拍摄的相片，由圣灵冲洗出来，反映出他的完美。要想影像清晰，必须将焦点对准被拍的人，并且拿掉面罩。在曝光的刹那，被照者必须保持不动，凝视镜头。曝光时，影像就转移到敏感的底片上。随后的步骤是用酸液将遮住影像的部分蚀去，这也是圣灵的职务。如果我们顺从他的影响，他就会除去一切不像基督的部分，把他自己的完美，注入我们里面。

但我们也要像摩西那样返照主的荣光——摩西在山上面对神的荣光有四十天之久，下山后他面上带着荣光。我们在圣经的明镜中见了基督的荣光，他的荣光就会照在我们身上，并且照进里面，然后被我们反射出来。摩西的荣光会逐渐消退，我们的却非如此。我们应该常常立下目标，确保自己成为基督形象的返照，以照亮环绕我们四周的世人。神在我们里面的形象，也有可能在转变的过程中遭到歪曲或污损，就像我们照哈

---

① 麦琴（1813–1843），英国牧师，"麦琴读经法"的发明者。

哈镜时得到的影像一样。由于不信的人只能凭着在我们身上所见的去认识基督，我们更当警惕，不要失职，误传了他。也不要展现自己属世的态度，而未将他道德上的美丽和荣耀表现出来。他们在我们身上看见返照出来的基督，可以从有敌意或冷淡转变成渴望和相信。

一个渐进的经验

"就变成主的形状，荣上加荣。"（林后3：18）翻译圣经的人，对于这一句有各种不同的译法，但都有"渐进"的含义："透过荣耀的阶段"、"在不断增进的荣光里"、"从反射进入自有的荣耀中"、"从灿烂的圣洁，到另一个圣洁里"。我们可以清楚看到一点：依照神的旨意，他不要我们的信仰生命停滞不动。摆在我们前面的，乃是无止境的成长历程，越变越像基督。这些话明白地指出，要全然学像基督，不是单靠某段时间身处崇高、圣洁的地位就可以得到，它乃是一个不断前进的经验。因着圣灵住在我们里面所产生的内在变化，可以使我们一天比一天变得更接近主的形象。我们是借着心灵的更新而变化。

转变的原动力

"如同从主的灵变成的。"（林后3：18）在原文中很少见到"主的灵"这样的词，这引出了一个神学上的问题。巴克莱这样注解："保罗似乎将复活的主和圣灵视同一体。我们必须记住，保罗不是在写神学书籍，他只是把经验记下来。基督徒生活所经验到的圣灵的工作和复活主的工作，两者是一体的，是全然相同的。我们从圣灵得来的能力、亮光、引领，与从主得来的不分轩轾。只要我们去经历它，就不在乎用什么方式来表达它。"

我们需要仔细看看，在转变的过程中，我们的责任和圣灵的工作是什么。变得像基督并非自动产生的，它包括了道德上的努力和行动。我们不仅是"放开手，让神来"，也要抛下然后再装上一些东西。这需要由更新的意志产生明确的行动，而不是整天对着基督做白日梦就自然能带来的。我们的责任是以活泼、期待的信心，"看见主的荣光"。下一步就是圣灵运用他启示基督荣光的特权，以不断增添的荣光，在我们里面重建基督的样式。我们定睛望他，深信并且等待圣灵来，将我们转变成基督的样子。转变的工作由他一手负责，他把基督的价值、美德和工作，一一赐给我们。我们在静默、爱慕、沉思中仰望他，他将我们在耶稣身上所见的，运行在我们的生命里。

为了达此目的，圣灵使用消极和积极两种方法。首先，他将我们生命和性格里不像基督的部分启示给我们，这些是务必除去的。任何和基督的完美格格不入的东西，都要连根拔起。这种启示的职务并不讨好，甚至可能遭到对抗。因为，尽管我们承认自己的卑微，我们还是极易偏执于自己的所好。我们不像给自己下评价那样，乐于接受别人对我们的评估。但是若我们诚心想要转变，就必须甘心放弃所有会污损基督在我们里面之形象的东西。神不可能强迫我们"放下"这些不像基督的东西，这件事只有我们能做，并且非做不可。保罗在其他地方指出，若要学像基督，就必须放弃这些恶行："但现在你们要弃绝……恼恨、忿怒、恶毒、毁谤，并口中污秽的言语。不要彼此说谎。"（西3：8-9）

然而，圣灵并不是只将应该抛弃的东西显明出来，他还帮助我们去实行。"若靠着圣灵治死身体的恶行必要活着。"（罗8：13）保罗这话令人精神为之一振。我们不像旧约时代的人，没有任何后援，必须靠自己的努力。我们乃有一位大能的保惠师。一旦我们的心预备好，要在性格和行为上变得像基督，他会欣然相助，超越我们所受的种种限制。

最后，圣灵让我们看见我们应该得到并且可以得到的恩典和祝福，并帮助我们去获得。许多基督徒的生活中有一点很可悲，就是经历着贫穷缺乏——他们放着大量的权益，却不去申请、利用。"愿颂赞归与我们主耶稣基督的父神，"保罗写道，"他在基督里曾赐给我们天上各样属灵的福气。"（弗1：13）"万有全是你们的。"（林前3：21）"神的神能已将一切关乎生命和虔敬的事赐给我们。"（彼后1：3）当我们仰望圣灵，等待他在我们里面做工时，每一项我们在主的性格中见到的恩惠，都会多而又多地加给我们。

第十七章
圣灵洁净的火焰

"于是，耶和华降下火来。"

（王上18：38）

读经：《列王纪上》18章1-40节

这是旧约圣经中最富戏剧性的故事之一。它提到的每一件事，都鲜明生动，多彩多姿。故事中的角色突出，内容丰富，结局精彩。

以利亚是耶和华孤独的先知，也是以色列历史上最出众的人物之一。在这次危机中，他突然以先知的身份出现，是维护神权的斗士。后来他又骤然失踪，在火车火马和一阵旋风中升上天去。新约里提到他的次数比任何其他的先知都多。他初登场时鲜为人知，但他头一个公开的行动，就是借着祷告将天锁住，有三年半之久滴雨不下——这乃是对一个拜偶像国家的审判之实例。

虽然我们没有他早年生活的记录，但毫无疑问的，要从事如此有能力的公开服侍，一定先有私下的预备。像他这样的成就，必然是个人亲自遇见神才能产生的结果。他私底下先接受了神要他做先知的呼召，借着一些秘密的经历，他认识神更多，并对神有绝对的把握。透过个人与神的交通，他完全脱离了人的恐惧。肉体上，他是一个肤色健美、健壮而质朴的男子；道德上，他是充满勇气、信心和热诚的人。

在危机中人的性格最容易暴露。以利亚生活的秘诀在下列文字中可见一斑："亚伯拉罕、以撒、以色列的神，耶和华啊，求你今日使人知道你是以色列的神，也知道我是你的仆人，又是奉你的命行这一切事。"（王上18：36）在祷告中可以看出这个人的本相。这里显露出三项事实：

首先，他对神的荣耀具有无限的热爱。"使人知道你是以色列的神"这话最先闪现在他脑里，他的心灵充满了对神荣耀的圣洁热爱。

其次，他满足于做耶和华的奴仆。"也知道我是你的仆人。"他清楚知道，神对他有绝对的主权。

第三，他完全听从神的命令。"我是……奉你的命行这一切事。"

招聚以色列众人（王上18：19）可不是短时间的工作。由结局判断，不难相信以利亚一定花了许多时间等候神，从他那里接受整个行动的计划。他对神表现的伟大信心，是长期与神交往才能有的结果。以利亚了解他的神。

以利亚戏剧化的挑战，起源于他对这个国家在信仰上背叛神的深切关心。当时在位的，是以色列有史以来最昏庸、邪恶的国王。在这位王结婚之前，圣经就记载说："……亚哈行耶和华眼中看为恶的事，比他以前的列王更甚。"（王上16：30）

除了这些，他又加上一件卑鄙的恶行："犯了……耶罗波安所犯的罪。他还以为轻，又娶了……耶洗别为妻，去侍奉敬拜巴力……他所行的惹耶和华以色列神的怒气，比他以前的以色列诸王更甚。"（王上16：31-33）以色列人抛下耶和华，转去敬拜巴力。就在这个宗教和道德濒于崩溃的紧要关头，以利亚神奇地迈入了以色列的历史舞台。

火的挑战

"那降火显应的神，就是神。"（王上18：24）在敬拜耶和华和侍奉巴力之间，毫无妥协余地。两种相悖的宗教系统，根本无法和平共存。是这位神人促成了这场危机。神常要属他的人伺机而动，他先在暗中预备这人，然后让他在危急关头脱颖而出。神从来不缺少见证人，每一个时代都有一个马丁·路德或加尔文，一位卫斯理或怀特菲尔德，一个慕迪或妥锐（Torrey），或一位葛培理。

在迦密山发生的戏剧性事件，最能表现以利亚性格上的伟大之处。当然，他也是人，性情和我们一样，但他具有超人的勇气和信心。马丁·路德也是如此，他是一位孤独的先知，却以大无畏的精神面对国家庞大的宗教势力。他以他那个时代的语言宣布说："这是我的立场，我别无选择！"以利亚公然向假神挑战，以试验他的神的能力。这个试验是相当公平的，因为巴力是火神，这个测验测的正是他的本行。"那降火显应的神，就是神。"以利亚的建议很合理，没有理由反对。问题很

简单："若耶和华是神，就当顺从耶和华；若巴力是神，就当
顺从巴力。"紧要关头终于来临，他们必须在两者之间做一
抉择。

火的含义

"耶和华降下火来。"（王上18：38）以色列人没有忘
记火的试验所具有的意义。他们应该记得，在他们国家的历史
中，神多次用火向他们显明自己。他们也该明白，火就代表神
的临在。

神曾在燃烧的荆棘里，向摩西显现。"荆棘被火烧着，却
没有烧毁……耶和华……就从荆棘里呼叫……"（出3：2-4）神
在西奈山上也是用火证明他的临在。"西奈全山冒烟，因为耶和
华在火中降于山上。"（出19：18）神也在夜间用罩在以色列
人帐幕上的火表明他的同在。"耶和华的荣光充满了帐幕……
夜间，云中有火，在以色列全家的眼前。"（出40：35-38）
圣殿的献祭中，神也用类似的方法表明他的存在。"所罗门祈
祷已毕，就有火从天上降下来……耶和华的荣光充满了殿。"
（代下7：1）火的出现，证明了神的显现。

这是旧约时代火所象征的意义。但它现今对我们有何意义
呢？在新约中，它象征了圣灵的同在和能力。施洗约翰宣扬弥赛
亚的职务时说："他要用圣灵与火给你们施洗。"（太3：11）
他的预言后来实现了。五旬节那日，圣灵的能力降临在聚集的
门徒身上，这个特定的象征记号清晰可见："又有舌头如火焰

显现出来，分开落在他们各人头上。"（徒2：3）由此证明，在现今的世代，火被用来象征圣灵的同在和权柄。

以利亚的时代，耶和华圣坛上的圣火消失了，代之而起的是巴力祭坛上的假火。神的荣光褪去了，没有任何人能够再点燃这神圣的火焰。当拿答和亚比户"向耶和华献凡火"时，他们立刻倒地而死，因为没有任何东西能代替神的真火。

在今日，教会和基督徒个人的生命中，最缺乏的就是神的火，它代表着圣灵的同在和他大能的工作。我们四周的一切问题，绝大多数都可以在自然层面上就可以得到解释。我们的生命没有接触到火源，我们的教会里也没有圣灵的火焰，可以像灯吸引飞蛾一样吸引人们。因为缺少了神的火，教会在这个失丧的世界中就无法产生效力。如今的教会拥有健全的组织、学术性的事工、庞大的人力资源和方法、有效的技巧，都是前所未有的；但是，在解决这个狂乱世界所面临的诸多问题上，教会的贡献比过去任何时候都少。我们应该这样祷告："主啊！请赐下火来。"还有什么别的方法能让我们满足现今世代的需要呢？

火的降临

"于是，耶和华降下火来。"（王上18：38）火的降下，是迦密山事件的高潮，其他的都是为这一时刻所作的预备。我们可以从这之前所发生的事情中学到重要的属灵功课。如果我们能发现这事的基本要素，我们就可以找出灵命复兴的来源。

"于是……降下火来。"在什么时候？

这火是在整个国家背叛神的时候降下。那时对神的崇拜一蹶不振，而敬拜巴力的风气却达于顶峰，全地笼罩在灵性黑暗的阴影下。神在灵火挑旺的世代，并未限制赐下他的祝福，但黑暗越深，就越需要光。我们所处的时代，其黑暗的程度已不可复加。不必特殊的想象力，就能辨识出今日世界的景况和以利亚的时代近乎雷同。撒旦的权势高涨，教会对全国的影响力微乎其微。然而现在仍有人像那七千位一样，不肯屈膝拜巴力。

这火是在以利亚毫无踌躇地听从神的时候降了下来。早先神让他藏起来，"于是，以利亚照着耶和华的话，去……"（王上17：5）。现在又是截然不同的命令："你去，使亚哈得见你，我要降雨在地上。"（王上18：1）可以想见，以利亚不愿会晤那与他不共戴天的仇人亚哈，因为这三年来亚哈一直在找他，想要杀他。亚哈忘不了以利亚做的事——他借祷告把天锁住，使遍地闹旱灾。但在干旱未解除之前，以利亚必须顺服神的话。

以利亚迅速听命，一如他从前听神的话躲藏起来。"以利亚就去，要使亚哈得见他。"（王上18：2）降火和下雨都是源自以利亚肯顺从神的吩咐去面对亚哈——这位道德和属灵上的恶魔化身。如果我们在生命中仍为自己保留一块领域，就等于拒绝顺服神，那么我们祈求神降下火，也一定徒劳无功。如果他坚持让我们采取一些必要的行动——听命、偿还、道歉或做见证——而我们不肯顺服，结果吃亏的只会是我们自己。除非我们顺服，否则他不会赐下祝福。

这火是在损坏了的祭坛得到修复之后降下的。"他便重修已经毁坏耶和华的坛。"（王上18：30）。毁坏的祭坛意义重大，祭坛象征着敬拜。它的位置在迦密山，这里一直是神的子民秘密聚会之所，但祭坛已经废弃不用，年久失修，对耶和华的崇拜也已停止了。在火降下之前，祭坛一定得先重建。以利亚取了十二块石头——尽管南国和北国已经分裂——然后重新造了一座坛。他的目的是要借着神的显现，把这个分裂的国家联合起来。神的子民在灵里合一时，神就降下火来。如果我们生命里的祭坛损坏不堪，火就不会降下，除非我们先将坛修葺完毕。这坛到底预表什么？基督不是也曾将自己献在十字架的坛上吗？只有十字架的意义得到完全的复兴时，耶和华的火才会降下。

这火是在所有的祭物都放在坛上时降下的。"把牛犊切成块子，放在柴上。"（王上18：33）神的火绝不会降在空的祭坛上。将祭物一一支解，并非毫无属灵的含意。在信心火热高昂的时候，决志把自己一生摆在祭坛上并不难，但要将身体一块块肢解献上祭坛，就不是轻而易举之事了。海弗格尔（F. R. Havergal）①在她的《奉献全生歌》中说得非常美妙，一开始是"虔诚奉献我全生"，但接着是"虔诚奉献我双手……我双足……我声音……我爱心"。不仅有一个伟大的开头，而

---

① 海弗格尔（1836–1879），英国圣诗作者。

且接着有许多降服的行动。神对部分的奉献是不能心满意足的。亚拿尼亚和撒非喇拿出一部分献给神，却假装是全部，他们最后付出的代价多么惨重。神呼召亚伯拉罕，要他将生命中最糟糕和最珍贵的两件东西献上：他必须献出他因肉体的不信而生的儿子以实玛利，打发他离开父家，到旷野去；他又得将因崇高的信心所得的儿子以撒，放在祭坛上，并亲手操刀。然后耶和华的火降在亚伯拉罕身上，神的应许来了："……地上万国都必因你的后裔得福，因为你听从了我的话。"（创22：18）祭物的最后一块都放好在坛上了。我们不能欺哄神，当祭坛装满时，他会知道的，他的反应也毫不迟延。以利亚把最后一块祭物放在坛上时，火立刻降下了。

这火是在把一切伪造物都除去后降下的。"用四个桶盛满水，倒在燔祭和柴上……水流在坛的四周。"（王上18：33、35）以利亚不允许任何假火存在。他向巴力的先知挑战时，三次要求"不要点火。"这样就不能投机取巧，也无法偷偷点燃一点点火苗。他对自己也有同样严格的要求，他采取了一切预防作弊的措施。他希望大家清清楚楚地看见，降在他坛上的火是从天上点燃的。他邀请民众："你们到我这里来。"（王上18：30）他对神有十足的把握，所以故意添加阻拦。坛上的水能迅即浇熄任何隐藏的火种，是他的信心使他傲视一切不可能成功的因素。有这种信心的人可不多见啊！我们也许会有一个冲动，为了易燃起见，便在祭物上淋汽油，以助神一臂之力。以利亚却是想证明，除了神，他别无选择。我们也应当如此，防备假的事物，当心用心理学取代了属灵的事，或用催眠术代替圣灵的能力。

这火是在以利亚充满信心地祷告之后降下的。"耶和华啊，求你今日使人知道你是以色列的神，也知道我是你的仆人，又是奉你的命行这一切事。耶和华啊，求你应允我，应允我！使这民知道你耶和华是神。"（王上18：36-37）

这真是一个强烈的对比！巴力的先知在他们筑的坛周围狂呼乱叫、顿足踊跳，向他们那毫无反应的神呼求，并且用刀割自己、用枪刺自己，直到鲜血流出来——但他们的狂叫并没有使天降下火来。以利亚在祷告之前，凭信心嘲笑他们，沉寂的天空证明了他们对巴力的信心枉然无效。以利亚对耶和华的应允深具把握。他挖苦、讥笑他们和他们的神："大声求告吧！因为他是神，他或默想，或走到一边，或行路，或睡觉，你们当叫醒他。"（王上18：27）以利亚用这种语气说话，显然已认定了神不会叫他的仆人出丑。这种信心的表现颇得神的喜悦。邦兹（E. M. Bounds）[1]如此写道："以利亚这次不朽的试验，当着叛教的国王、堕落的国度和迦密山上拜偶像的众先知面前举行，实在是信心和祷告的至高表现。"

以利亚简单祈求神为他自己和为他的仆人显明奇事。祷告方毕，立刻有火焰从天降下。"于是，耶和华降下火来。"（王上18：38）这火不是阶段性降临的，而是在他大有信心地祷告之后立刻自天而降的。燔祭、木柴、石头、水，没有一样

---

[1] 邦兹（1835-1913），循道宗牧师，被誉为"祷告战士"，著有《祈祷出来的能力》（*Power through Prayer*）。

经得住天上火焰的焚烧。以利亚心中的愿望实现了，耶和华至高的地位得以建立。这位真神的存在和权柄再一次彰显在他子民中，神和他仆人的名誉得到了证明，巴力信徒的伪饰全然崩溃。若我们的祷告是出于"叫父因儿子得荣耀"（约14：13）这样的心愿时，我们也可以看见有火降下来。

火的成就

这火使得以色列全民都俯伏在地。"众民看见了，就俯伏在地，说：'耶和华是神！耶和华是神！'"（王上18：39）从神来的火证明了以利亚所做的见证：神自己就是永不止息的火。他们无法否认亲眼目睹的事实。当不信主的人在我们身上看见神的火焰，亦即我们所表现出圣灵的同在和他大能的工作时，他们就会开始留意我们的见证。

降下之火导致了假先知的死亡。以利亚采取的第一个行动，就是命令以色列人亲手捉住巴力的先知，并将其置于死地。所有敌对真神的都必须被废除。真火降下，自动地消灭了巴力坛上的假火。只有从天而来的火，能给以利亚这样大的道德权威，做肃清的工作。

火的降下成就了显然不可能的事。谁听说过石头会被烧成灰烬？但事实就是这样。五旬节的神火，也在门徒的生命中成就了不可能的事：胆怯被烧尽，代之以勇敢；疑惑变成信心；自私变成无我和对基督荣光的渴望。他们过去都有明显的缺点，现在却益趋完美。

　　伦敦大瘟疫后，紧跟着的是一场大火，这个城市大部分化成灰烬。过了一段时间，人们忽然发现有一种前所未见、奇异而艳丽的花朵在空地上生长出来。这些花的种子长期潜埋在寒冷的土里，一旦得到大火带来的热度，立刻产生了新的生命力。神的火降在一个信徒身上，十分钟内所完成的工作，是人靠自己努力十年也无法达成的。

> 世上最不可能之事，
> 是我能脱离罪的统辖。
> 这能成吗？我知道能成。
> 虽然看来如此不可能，
> 这不可能成之事，
> 对我却成了可能。

——查理·卫斯理

　　降下之火除了灰烬，不留下一物。所有可燃物皆付之一炬，存留的只有那不可毁灭的东西。火对灰烬再也无能为力了。神的火烧尽一切世俗的、表面的事物，只留下那具有永恒价值的事物。灰烬有两个特色：一丝风都可吹动它们，并且它们会跟着风移动。有神火降在其上的生命，会对圣灵的感动特别敏感，也常常会随着神的旨意而移动。

> 哦，你从高天而来，
> 赐下洁净神圣之火，
> 在我心灵祭坛之上，
> 点燃一柱神圣的爱之火，

让它为了你的荣耀而燃。
以那不能消灭的光辉，
火光摇曳，重新得力，
在谦卑的祷告和热烈的颂赞中。

——查理·卫斯理

第十八章
圣灵强大的动力

"……用势力强迫他们停工。"

（拉4：23）

"不是倚靠势力，不是倚靠才能，
乃是倚靠我的灵方能成事。"

（亚4：6）

读经：《撒迦利亚书》4章1-10节；

《以斯拉记》4章1-24节

　　爱国的以色列余民，终于从巴比伦被掳之地，回到了耶路撒冷。他们带着波斯王居鲁士的谕令，蒙准许重建圣殿。他们热忱地开始计划着这个工程，但是刚有进展，就遭到了有组织的拦阻。那些狡猾、虚伪的对手设法从波斯王亚达薛西那儿弄到一个相反的谕令，命令以色列人立即停工。大喜过望的敌对者，挟这文件做武器，匆匆赶赴耶路撒冷，用势力强迫以色列人停工（拉4：20-24）。

　　以色列人因事情的骤然逆转大为灰心、沮丧。他们没有转向那曾以大能帮助他们顺利归国的神呼求，反而垂头丧气地俯首认输。"于是在耶路撒冷神殿的工程就停止了，直停到波斯王大流士第二年。"（拉4：24）神和以色列共同的敌人，赢了第一回合。

　　我们会轻易地责备他们缺乏士气及缺少对神的信心，但如果我们知道自己内心的复杂和诡诈，就不会如此。就算处于比他们更小的考验下，我们的表现无疑也好不到哪里去。

三个令人气馁的阻碍

犹太人处于使人难以有所作为的障碍之下——遭到邻近民族的反对，而且王也听从了他们的话，他们先占了上风。他们随着情况的变化，换用各种战术。首先是渗透："请容我们与你们一同建造。"（拉4：2）此计不成，他们就干扰："扰乱他们。"（拉4：4）接着是恐吓："使他们的手发软。"（拉4：4）不满足于此，他们又计划制造破坏。他们"贿买谋士，要败坏他们的谋算"（拉4：5）。最后，他们写了状子控告犹太人（拉4：6）。

犹太人也受到缺乏资源的打击。居鲁士王曾降旨，慷慨地命令，重建王殿的经费都由王库支出（拉6：4），但现在亚达薛西王取消了这项供应。他们从事这项伟大工程所需的经济、军用资源完全没有着落。更糟的是，当初鼓舞他们归国的崇高理想，现在已消退殆尽，他们变得对失败认命了。

然而，最严重的障碍是他们的领袖不尽职。他们的省长所罗巴伯虽是王族出身，却被证明是一支折断的芦苇。面对他们仇敌有计划的行动，他不禁颓丧畏缩。在这一点上，他的表现完全不像丘吉尔（Winston Churchill）。第二次世界大战时，听到法国沦陷的消息，丘吉尔对内阁成员说："各位先生，我发觉这才痛快呢！"所罗巴伯起初表现不错，但未能持续发挥他的能力。对沮丧的族人，他也没有给予任何的鼓舞。

大祭司约书亚，是这国的属灵领袖，他毫无疑问是当时最圣洁的人。但在《撒迦利亚书》3章3节里，他被人看见站在神面前"穿着污秽的衣服"。并且，在此之后，他没有尽职地去指导人们如何在神面前行事。不管是面对当时局势或在灵性上，犹太人都缺乏有效力的领导，难怪重重的困难，就像大山一样，挡在他们面前无法跨越（亚4：7）。

希望的异象

就在这个紧要关头，一个希望的信息以异象的方式临到了撒迦利亚。异象中天使所用的措辞，和以斯拉用来叙述这工程停止之原因的措辞恰恰相同。这是出于巧合，还是出于神的命令？建造神殿的工作不是为敌人的"势力"所阻吗？他们没有理由因此而灰心丧志。"所罗巴伯的手立了这殿的根基，他的手也必完成这工。"（亚4：9）无论如何，它一定会完成。"不是倚靠势力，不是倚靠才能，乃是倚靠我的灵方能成事。"（亚4：6）耶和华如此说。不管仇敌多么恶毒、资源多么缺乏、领袖多么无能，只要他们跟随神的战略，胜利一定在望。成功不是立基于所罗巴伯或约书亚身上，也不是倚靠人的权势和力量，乃是靠圣灵的大能。

在异象中撒迦利亚看到一座灯台："我看见了一个纯金的灯台，顶上有灯盏，灯台上有七盏灯，每盏有七个管子。旁边有两棵橄榄树，一棵在灯盏的右边，一棵在灯盏的左边。"

（亚4：2-3）灯盏的功用是贮油，它可从旁边的两棵橄榄树上得到源源不绝的油。

犹太人对他们殿中的金灯台熟稔得很，应该不会误解这个异象。他们知道神已经拣选他们的国家，在这世上做灯台，但他们惨淡地失败了，光的见证消失无踪。我们的主在给亚西亚七教会的信中，清楚指出以色列人未能完成的使命已转移给教会。我们借用此异象的含义，应当负责将其中的教训应用在现今的教会中。

教会的功能

灯台的特质，象征了教会的主要工作，乃是为笼罩在黑暗中的世界引进光明。除此以外，灯还有什么功用呢？至于光照出后会有什么样的反应，则非我们职责所在。《启示录》里基督站在七个灯台中间，每一灯台代表一个实存的教会。基督负责细查、评估他们的见证之灯是否闪耀明亮（启1：13、20）。由于金烛台是会幕里仅有的照明设备，所以教会也是唯一能将光引入这失丧世界的媒介。它存在着就是为了要发出光明，如果它在这一点上失败，在其他地方也一定会失败。神没有提供其他的方法。"你们是世上的光"，他这样说。这光乃是来自别的光源，是从那位曾说"我是世界的光"的神反照出来的。现今世界的黑暗是多么深沉啊！充满拜偶像、迷信、悲惨、痛苦、恶行、犯罪、物质主义、犬儒主义！就因如此，教会和它的成员更当大放光明。

　　但是，教会如何完成它的功能？这异象提供了秘诀。教会并非本身具有给光的能力，就如灯台，虽然能照明，但它本身并不是发光体。它不能产生光，只能承受光，它是从自己以外的一个源头支取光。灯台上面的是灯盏，总是装满着油，源源不断地将油通过金色的管子注入灯里。从橄榄树上有金色的油，像小溪一样，持续地注入挨着的灯盏中，保证它们时常满溢。

　　这里的油很明显是指"我的灵"。只有透过圣灵的帮助和不断供应，教会才能发光。灯盏显然象征着基督，他贮存了一切的神能和资源。"因为神本性一切的丰盛，都有形有体的居住在基督里面，你们在他里面也得了丰盛"，保罗如此写道（西2：9）。在基督荣耀的天性里，圣灵总是澎湃盈满，如潮水高涨。基督贮存了一切发光所需的条件，供我们随时吸取。他曾在五旬节那日，将圣灵浇灌在等候他的人身上。"……又从父受了所应许的圣灵，就把你们所看见、所听见的浇灌下来。"（徒2：33）今日他也能同样将圣灵赐给我们。

工作时当扬弃的方法

　　"不是倚靠势力。"教会的工作若纯粹靠人的方法，是绝对行不通的。"万军之耶和华说：'不是倚靠势力，不是倚靠才能。'"（亚4：6）"不是倚靠势力"这一句，可以译成"不是倚靠一个团体"，也就是集合一群人或方法所产生的力量、权势。有时"势力"可能指财富、道德上的善行或勇气。

不管用在何处，它根本的意思是指人的资源。

"才能"也有"力量"的含意，但较适于理解为个人的本领和动力。它完全没有"集体"的意思。把这两个名词并在一起，是说教会的事工要取得成功，既不能靠众人之力、共襄盛举，也不能靠个人的本事和魄力，而是要单单倚靠并且完全倚靠圣灵的工作。为什么？因为教会的工作是人力所不及的。人的资源、方法、技巧、动力，单单对人力所及的工作有益。如果仅是创立一个可见的组织，这些条件或许绰绰有余，但是教会不只是一个可凭眼见的组织，它是超自然的机构，只能用属灵的方法来培育、维持。今日教会面临的最大危机就是：它虽谨慎计划、寻求改善之计，却忘了那超自然的因素。少了这一因素，教会的事工永远无法达成。

戴德生非常强调这一重要的真理。他写道："传道最需要的，就是圣灵的同在。人们已印就了成百上千的小册子和经句摘要，讲了无数次的福音道理，旅行了数万里去宣扬福音，但是真正悔改的人寥寥无几。这样做，神固然也会赐福，但能以一人追赶百人、得人如得鱼的传道人在哪里呢？……我们需要的是神的能力，不是某一种系统。如果我们现在每天接触的成百上千的人，都不能归向主的话，纵使这一套系统能帮助我们接触双倍于此的人，又有什么益处呢？"

那些爱国的犹太人必须学会一个功课：成功不是靠着环境的顺利，不是靠着精明能干的领袖，也不是靠人的力量，乃是靠那不可或缺的圣灵所做的工。

神所定的方法

"……乃是倚靠我的灵……"我们若想要享受电灯的益处，就必须遵守电的法则。只有依循它的原理，我们才能享有某种能源的好处。同样的道理，我们要经历圣灵的大能，必须放弃其他的倚赖，遵守"圣灵的法则"。我们若要做光，照亮这黑暗的世界，就必须先将自己浸在"金油"里，让圣灵之火点燃我们生命中的灯芯。这世界急需被神的火焰燃烧得炯炯发光的生命。

在这个异象里，有一个发光所不可少的因素未被提及——灯芯。然而少了它，灯就无法发光，因油和火焰中间缺少了联系。灯芯之所以存在，就是为了被烧毁。如果它想保全自己，灯就发不出光来。在发光的过程中，信徒的生命也在逐渐烧毁。耶稣每次医治人，他就感觉有能力从身上出去。曾有话形容他说："我为你的殿心里焦急，如同火烧。"（约2：17）如果我们不打算在发光的过程中烧毁自己，就不能像施洗约翰一样，燃放出灿烂的光辉。在自我倒空时，必然会有消耗殆尽的结果。然而，我们有那足以补偿一切的应许："外体虽然毁坏，内心却一天新似一天。"（林后4：16）

灯芯本身并不能发光，它缺乏照明的动力，靠自己只会发出有毒的烟和污黑的熏火。它仅仅是油和火焰的媒介。它不能供应自己，必须不断地倚赖外物。它总是濒于熄灭的边缘，一旦离开了油，光明立刻变成黑暗。

在旧约时代，大祭司的职责之一就是用金剪子将灯芯四周的灯花剪掉，否则难有通亮的光。有的时候，我们的大祭司也必须用金剪，剪去我们生命中使光黯淡的东西。他借着圣灵，将自己的话变成能力，进入我们心中，以完成他的工作。让我们珍惜这样的工作，虽然它会带来痛苦。

教会要充分发挥它的功能，只有靠着圣灵的推动，而不是靠知识、经济、热心等资源。宣传、组织、才干都不能代替圣灵。新的技巧、更好的方法固然有其价值，但是它们不能免除对圣灵动力的需要。只有神预先铺好道路，我们才能看见传道工作的果效。福音到达一个地方之前，可以见到圣灵在传道人出发前，已经开始动工了：制造心灵的饥渴，产生期待，引起信仰上的觉醒，让人们明白自己的生命缺乏光亮。

"乃是倚靠我的灵"这句话有何含意？乃指所有基督徒的工作里，那超然的因素都具有非凡的重要性。固然它必须借助人来操作，但人是由神贯穿其中，就像灯芯饱含着油，油就代表了圣灵。这样我们在领人归主时，或在信心上建立信徒时，就不会倚靠自己雄辩的口才和说服力了。我们信赖神会操纵环境，帮我们克服路途上一切的拦阻。我们也期待他来帮助我们"成事"。

这真是我们的特权：让神的火焰烧毁我们，而将光带给陷在无穷黑暗中的世界。亨利·马廷（Henry Martyn）[1]在抵达印度沿岸时说："现在，让我为神烧毁自己吧！"短短6年之内，他真是做到了。他的肉体虽然死亡，却为圣经翻译工作留

---

① 亨利·马廷（1781–1812），英国圣公会宣教士，25岁即赴印度宣教，翻译了多种语言的圣经译本，终生未婚，病重而逝。

下了丰厚的遗产。

> 在我临终之际，心中喜乐满溢，
> 生命灯盏，已为你燃尽；
> 我不在乎付出了什么
> 因罪人才珍惜劳力和钱财；
> 我也不介意所走过的道路如何崎岖，
> 只要跟随你脚踪，心愿已足；
> 在我临终之际，心中喜乐满溢，
> 因生命灯盏，已为你燃尽。

第十九章
圣灵的宣教热忱

❧

"但圣灵降临在你们身上，你们就必得着能力
……直到地极，作我的见证。"

（徒1：8）

读经：《使徒行传》13章1-13节，16章6-10节

圣灵是大使命的执行者，也是宣教事业的管理人。在新约那卷伟大的宣教指南《使徒行传》中，我们几乎可以在每一页上见到他的大名。这些历史，就是一个生动的故事，描述了他透过教会进行的种种活动。

基督在为他日益迫近的离世作准备时，应允要派一位代理人和代表，来做门徒的伴侣和保惠师。"我若不去，保惠师就不到你们这里来；我若去，就差他来。"（约16：7）五旬节那日，他们就以他的无所不在（借着他的灵）取代了他肉身的同在。从圣灵降临的那刻起，他们对主的热情和渴望开始得到满足。基督的应许乃是当圣灵降临时，他们就要为他做见证（徒1：8）。这种满足是具体的。"他们就……按着圣灵所赐的口才，说起……话来。"（徒1：4）他们的讲道充满能力，大有果效。

他们传道活动的记录里，显示使徒和教会的行动，超越了人的限制，是倚赖神的资源进行的。圣灵是主角，人只是他用

来完成神计划的工具。从始至终，圣灵都是主要的推动者和主要的工作者。

五旬节那日，有两件事在基督教的发展史上具有深远的意义。第一，圣灵担当起保惠师和赐能力者的双重职分。复活后的基督曾应许那些惧怕、忧伤的门徒，要赐下一位保惠师。他吹气在他们身上说"你们受圣灵"（约20：22）时，这应许已经实现了。神儿子的应许，就是圣灵要做保惠师。

父神的应许，乃是圣灵要做赐能力者。这应许同样在五旬节那天兑现了。"你们要在城里等候，直到你们领受从上头来的能力。"（路24：49）"他们就都被圣灵充满。"（徒2：4）在这一刻，门徒突然领会了他们献身的事工多么巨大，因此格外需要能力。在那可纪念的日子，神将巴别塔事件逆转过来，初次让他们尝到圣灵加给力量的经验。巴别塔事件发生时，人们因为忽然从一种语言分歧成多种语言而惊讶万分；而五旬节这天，人们却因原先纷杂的语言突然合而为一而惊奇。这件破天荒的事，实际上揭开了宣教事业的序幕，福音在一天之内就以各地的语言传给了许多国家来的人。

圣灵承担起保惠师和赐能力者的双重职分之际，另一件划时代的事件也发生了，那就是教会的设立。教会代表基督奥秘的身体，是一个活的、吸引力十足的有机体。当我们的主肉身活着时，便以人的身份，提供了完美的媒介，使圣灵得以透过他，完成神对世界的计划。但是，现在他荣耀的肉身升至天上，他奥秘的身体——教会——就成了圣灵的工具。基督在世上所做的每一件事，都是借着圣灵给予的力量。理想中教会亦当如此。圣灵的洗具有联合的意义，借着它，各时代的信徒都能进入基督的奥妙躯体中，联结为一。"都从一位圣灵受洗，成了一个身体。"（林前12：13）这身体的成员都有责任将救恩的好消息传到整个世界。福音要"传遍天下，对万民作见证"（太24：14）。他们可以从赐能力的圣灵得到做见证所需的力量。

宣教士的装备

在升天以前最后的教导里，主将圣灵的降临和赐能力到世界各地作见证，两者相提并论。后者乃是他最高的目标。"但圣灵降临在你们身上，你们就必得着能力；并要在耶路撒冷、犹太全地和撒玛利亚，直到地极，作我的见证。"（徒1：8）没过几天，基督的话实现了，"有虔诚的犹太人从天下各国来"（徒2：5），听到他们从圣灵来的见证。五旬节是一个榜样，其后的传道工作也当同出一辙。

圣灵充满的特殊方式，有清楚的记载。"他们就都被圣灵充满。"（徒2：4）并非只有五旬节那群人才有这经验，这事情亦非只发生那么一次。举例来说，彼得以后也经历了一连串的圣灵充满，记录在《使徒行传》4章8节和31节。《使徒行传》一再重复强调这题目是有用意的，要显示这些早期的传道人严格遵守了主的命令——在他们从上面得到能力之前，不要开始宣教事工。这也是今日传道人必须有的装备。因为离了圣灵，做见证必一无果效。

　　"被圣灵充满"表达了什么意义？不是指一个被动的容器得到充满，而是指人活跃的性格，为神的神性所控制，不再被动。每一个门徒都处于满足、高昂的状况下，没有一个人拒绝仁慈的圣灵之掌管。

　　有一点值得注意：《使徒行传》2章4节和《以弗所书》5章18节中所用的"充满"一词，通常带有"控制"的意思。例如："并且满心惧怕。"（路5：26）"只因我将这事告诉你们，你们就满心忧愁。"（约16：6）这些人被他们的恐惧和忧愁所攫住、所控制。泰尔（Thayer）[1]在他的希腊文字典中论到这个词时说："所谓充满心中，就是占有这个心。"我们若自愿让圣灵占有，让它控制我们整个人格，将之放在主的掌管下，我们就是被圣灵充满了。圣灵充满我们，他就在我们性格的中心处施行管理。他不断地启发我们的智慧，好让我们喜爱、应用在基督耶稣里的真理。他洁净、稳定我们的情感，好叫我们将情感专注在基督身上。他没有湮没我们的个性，反而将之释放、提升。圣灵用这些方法，将新的生命和能力灌注到使徒的生命中，装备他们迎接艰巨的使命。

　　对传道人而言，圣灵的浇灌是正常、必要的装备，没有其他东西可以取代。

宣教事业的管理者

　　圣灵是大使命的执行者，也是宣教事业的管理人。他在早

---

[1]　泰尔（1828–1901），美国圣经学者，曾编写希腊文词典。

期教会成就斐然的记录里，占有显著的地位。亚拿尼亚和撒非喇的事件上，圣灵奇特的审判证明了他在初期掌管时所拥有的权威。他们两人因犯了欺哄圣灵的罪，遭到立刻死亡的可怕惩罚。"为什么撒旦充满了你的心，叫你欺哄圣灵……你不是欺哄人，是欺哄神了。"（徒5：3-4）神要人明白，愚弄圣灵非同小可，因圣灵是他指派来到世上，执行他计划的。圣经记载向外邦人传道的历史，第一句话就是："圣灵说：'要为我分派……'"（徒13：2）这种安排不是没有用意的。

圣灵第一个管理的行动，就是呼召宣教士。在传道的呼召里，发端者应该是圣灵，而非自愿者或教会。记述巴拿巴和扫罗接受呼召的那段经文（徒13：1-4）清楚说明了这一点。圣灵如此吩咐："要为我分派巴拿巴和扫罗，去作我召他们所作的工。"（徒13：2）神的呼召发生在教会或宣教士采取行动之前。教会的责任是放他们出去，认清圣灵的命令，然后遵命行事。值得一提的是，圣灵会选择最适合的人来实行他的计划，教会不该提出异议。宣教士的责任则是回应呼召。总而言之，判断人选是否适当，不是个人或教会领袖的事，而是圣灵的职责。他们的责任只是留心他的引领，并且服从他的命令。教会无权决定此事。等待呼召的人也不必提出一大堆的推荐信。那些宣教士是在一群属灵领袖谦卑祷告中兴起的，他们成了"主的执事"。后来情形却不一样。特别是现代宣教运动的初期，教会对圣灵的声音听若未闻，宣教士在教会一片反对的声浪或漠不关心的态度下出去宣教。像卢勒和克里这样有能力的人，遭遇亦是如此。但他们虽被世人忽视，却没有被呼召他们的圣灵所遗忘。

然后，圣灵差遣宣教士出去，教会则担任赞助的职责。"于是禁食祷告，按手在他们头上，就打发他们出去了。他们既被圣灵差遣，就下到西流基。"（徒13：3-4）按手象征了教会团契的认可，但具权威的托付乃是从圣灵来的，他是真正的授权者。教会只是将那些已受圣灵差派的人献上，并付以重任。若没有先前圣灵的任命，人即使按手，也是枉然。

选择工作的地区也是圣灵的特权，宣教士无权选择。只有圣灵知道，庄稼的主有什么样的策略。这点在保罗的旅行中可得到清楚的解释。第一次旅行，圣灵引导这些宣教士到西流基，由海路往亚西亚和罗马人的世界去。而在第二次旅行中，我们读到"圣灵既然禁止他们在亚西亚讲道，他们就经过弗吕家、加拉太一带地方。到了每西亚的边界，他们想要往庇推尼去，耶稣的灵却不许"（徒16：6-7）。只有圣灵知道何处是战略中心，谁最适合差往该地。克里计划去南海，圣灵却派遣他到印度。巴拿度（Barnardo）①感觉被呼召去中国，圣灵却要他留在英国。耶德逊（Judson）②的目标是印度，圣灵却将他的脚步引至缅甸。从这些随后发生的事件中可看出，跟随他的引领对宣教士是多么的重要！

时机一到，亚西亚和庇推尼自然会听到福音，但是目前神的策略是把福音向西传到欧洲，由那儿将展开庞大的福音事

---

① 巴拿度（1845-1905），慈善家，创办了"巴拿度儿童之家"。
② 耶德逊（1788-1850），美国宣教士，终身在缅甸宣教。

工，因为欧洲时机已熟、正待收割。盎格鲁－撒克逊民族被预定为宣教的前锋，有六分之五的宣教工作是借助他们完成的。保罗相当留意圣灵的拦阻。他没有凭着己意往前直冲，却停下脚步，借着祷告和会商，发现神要他和同伴们前往何处。我们也当留心，教会在向意料不到的方向发展或扩张时，应该受圣灵的约束，而不是靠宣教士缜密周到的计划。

圣灵也决定宣教工作的时机。有的时候，神的行动似乎太缓慢了。为什么在基督教最初的基础建立之后17年，神才着手开始他全球性的宣教工作？而且为什么只差派两个人？神为什么以如此微不足道的工作，来应付世界惊人的需求？我们必须学会，神的意念高过我们的意念，他的道路并非我们所能测度。我们的责任在于留心圣灵的制止，以及等候他来启示他的时间。我们也该知道，圣灵如同潮水，有精密准确的时间性。如果我们只顾自己的职责范围，而不顾他的时间，结果只能导致自己的损失和失望。

指定同工也是圣灵的职权。保罗没有选择自己的同工——他是由圣灵指派的。这么一位聪明、精通教导的使徒，若没有一位更富经验、灵命更强的长者同行，圣灵还是不会差遣他出去的。将保罗和巴拿巴放在一块，并非偶然。巴拿巴已趋成熟、经验老到，是"劝慰子"。圣灵不仅给巴拿巴这些恩赐，也给了保罗强烈如火的热心、不眠不休的急切、出众的知识能力。而保罗也已经在神的学校中，做了长期的预备。他们在一起，等于是许多恩赐的奇妙组合。但是，这么一支有属灵警觉、恩赐的队伍，后来为了巴拿巴的侄子约翰马可（参见徒15：
39）也出现了裂痕。然而圣灵最终克服了这次不幸事件，原先
一支宣教队伍，现在成了两支。

圣灵的另一个行动是将宣教士领到目标之处。有一个杰出
的例子，就是圣灵呼召腓利，离开他正在撒玛利亚如火如荼展
开的奋兴工作。在此工作上，他正扮演着重要的角色，圣灵却
要他下迦萨的路上去，"那路是旷野"（徒8：26）。乍看之
下，这完全违反了合理的判断，但腓利听从了圣灵的声音，往
迦萨去。就在同时，也有一位深具影响力、渴求基督和他救恩
的人出现（徒8：29）。腓利因毫无疑问地顺服圣灵，得到了
奖赏。他被邀请向那位已预备好的追求者解释福音，而那人当
场就接受了基督。因着埃塞俄比亚财政大臣的信主，福音进入
这个国家。若没有圣灵的安排，腓利永远不会去迦萨，埃塞俄
比亚人也就没有机会听见福音。每一个宣教工场上都有一些虽
然不至于如此惊人，却也类似的例子。

宣教工作常遇到一个难题，就是黑暗权势的压力。有时压
力太大，几乎力不能胜，但圣灵此时也在增添能力抵挡撒旦的
拦阻。以吕马是行法术的人，他抵挡巴拿巴和扫罗，想要使方
伯士求保罗离开真道。"扫罗……被圣灵充满……说：'你这
充满各样诡诈奸恶……你混乱主的正道还不止住吗？……你要
瞎眼……'"（徒13：9–11）他在应付来自撒旦的阻力时，体
验到圣灵的合作。圣灵先给他属灵的眼光，得以洞察这搅扰的
来源，然后给他属灵的权柄去对付它。他大胆地揭露了以吕马

反对他的性质、原因和目的，然后严肃地宣布了神的审判。

圣灵还支持正遭受反对和灰心丧胆的宣教士。犹太人因憎恨基督，把门徒驱逐出境。结果却很奇特，"门徒满心喜乐，又被圣灵充满"（徒13：52）。他们被提升，超越他们的环境，所以能在患难中仍然喜乐。他们真正发觉圣灵是神圣的激励者和保惠师。

圣灵指导教会任命其领袖。这不是靠大多数投票决定的。"圣灵立你们作全群的监督，你们就当……为全群谨慎。"（徒20：28）是他指派羊群的牧者，他有此特权，指定由最低的到最高的职位让谁担当，而不是让领袖们自做决定。因为即使教会中最卑微的侍奉，也应由圣灵掌管（参见徒6：3）。

在耶路撒冷召开的第一次教会会议上，出席的代表们清楚地认识圣灵的统辖权和他的同在。任何疑难的事件，都听从他的声音来解决。主席有关大会决议的谈话，明白指出他们的审议，是依着圣灵的意思。"因为圣灵和我们定意……"（徒15：28）他们一切的决定，都把圣灵放在首位。

早期宣教士如何看重圣灵的工作，可从一件事估量出来——他们留心将他的事工介绍给初信者和信徒（参见徒8：17，9：17）。保罗将以弗所那十二个人缺乏效力的原因，归咎于他们忽略了圣灵的充满及从圣灵而来的能力。在这个严肃的题目上，早期信徒的教训不是一个强有力的实例吗？

教会和它的宣教士，若在他们的计划和活动中将圣灵放在首位，我们可以预见，世界的宣教工场将有长足的进展。可惜事实上，有些地区即使没有完全漠视圣灵的特权，也只给予他极少的机会去施展他的大能。

顾约拿单（Jonathen Goforth）[①]却不是这样，他在中国和韩国的侍奉大有能力，许多人得到复兴。他对工作中得到的奋兴甚为关切，便潜心研究圣灵的位格和工作。然后，他每被邀至一个基督徒团体，就将他所学的教导他们。紧接着就有人深深地受感动、认罪，信主的人日益加增。

有一次，顾约拿单在中国一个城市，向挤满在街边小教堂里不信主的听众讲道。他亲眼目睹了这些人心中的激动，是他前所未见的。当他讲到"他被挂在木头上，亲身担当了我们的罪"这节经文时，懊悔似乎写在每一张脸孔上。他呼召决志时，所有的人立即响应，都站了起来。他回过头，想从伴随他的十位布道家中间，找一位来接替他。可是，他发现他们的脸上都满布着惊惧。有一位对他耳语："弟兄，我们长久以来祈求的那位，他今晚就在这儿啊！"他们随后所到之处，都有许多灵魂得救。他们在传道事工上，给予圣灵适当的地位，就借着圣灵在他们中间所动的大工，得到了奖赏。

有关圣灵在宣教工场动工，最感人的故事之一，发生在印度的昂哥尔（Ongole）。由于经过15年舍己奉献的工作，只有十个人信主，加上面对庞大的赤字，浸信会宣教联会于1853年决定关闭这儿的工作站。科弗尔博士（Dr. Colver）恳切地为这个小教会请命，因下述事件终获胜利。当时联会干事布莱特

① 顾约拿单（1859–1963），又译"古约翰"，内地会宣教士，1888年来到中国。

（Dr. Edwin Bright）在演讲时以下面的话作结束："谁愿意执笔写这封信，告诉教会的那十个会友，美国浸信会已经决定遗弃他们？"他大步跨上讲台，又跨下来，说："谁来写这封信？"

那天晚上，《我的国，是你的》一书作者史密斯博士（Dr. Samuel Smith）无法成眠。在白天的辩论中，他们曾挂起一张地图，每一处宣教工场都以星星做标记。缅甸星罗棋布，唯有内洛尔（Nellore）孤零零地站在印度的土地上。史密斯拿起纸笔写道：

> 照耀吧！孤星，你夺人的光彩，
> 将遍布整个东方的天际；
> 黎明将急速打破阴暗和黑夜！
> 照亮并祝福客旅的眼目。
> 照耀吧！孤星，我不会吹灭，
> 那闪着朦胧光辉的灯火。
> 伯利恒的孤星，
> 曾引出一个光亮灿烂的日子。
> 照耀吧！孤星，在忧伤的泪眼中
> 悲哀的挫折常受到祝福；
> 在与你同伴的星辰中照耀吧，
> 孤单的星在天堂必不受轻视。
> 照耀吧！孤星，你举起一只手
> 将宝石般的光辉洒满全地，
> 你可是离群的一位诗人，

在夜之冠冕上闪闪发光？

照耀吧！孤星，白日将近，

没有任何光胜过你的美丽；

你在怀疑和恐惧中诞生、默想，

也将在以马内利的眉头上聚集。

照耀吧！孤星，直到世界消逝，

它的偶像将尽归尘土；

你照耀之处，将有千万人，

把冠冕加在万王之王头上。

次日早餐时，联会主席哈里斯（Judge Harris）征询史密斯博士的意见。他拿出这首诗，在当天的聚会中以充满情感的声调当众朗诵，听众深受震撼，有些男士亦为之泣下。一个充满希望的异象，开始露出了曙光。

结果呢？圣灵推动了一个伟大的事工来奖赏他们的信心，曾有一天之内2222人受洗的记录。30年后，安哥拉教会拥有1.5万会众，是世界上最大的浸信会教会。

第二十章
圣灵与说方言（一）

"他们……按着圣灵所赐的口才说起别国的话来。"

（徒2：4）

读经：《哥林多前书》12章6-11节、28-31节

　　五旬节那天，随着圣灵的降临，发生了说别国方言的现象，这清楚见证了神所释放的一种新的属灵能力，也见证了一个新时代的来临。来自各国的群众看见使徒们用方言讲话，都大惊失色。他们又惊讶，又感动，因为"各人听见门徒用众人的乡谈说话"（徒2：6）。

　　说方言的事，随后也发生在两次圣灵降临的场合，分别是该撒利亚和以弗所的外邦人团体中。这个事实，为一般所谓的五旬节运动，建立了主要思想体系的基础。大部分此派教会的信徒，都坚持说方言是受圣灵洗及被圣灵浇灌不可或缺的结果和证据。过去这半世纪中，它在美国已成了发展最快的教会团体，这也自然刺激了人们对它的主张和属灵基础产生兴趣。如果我们错过了神给我们的某些福分，我们应该弄明白。如果这个运动虽然出于虔诚，但它强调的东西有错误的话，我们也应该搞清楚。

　　五旬节派并不是异端，因为它未否认基督教福音派的教义。实际上，它还热诚地维护福音派的信仰。我们必须铭记在心：即使我们对五旬节教派的观点有不同意之处，他们仍是基督身体的一部分。参与这运动的信徒在某些我们所相信的观点上有所偏差，但他们中间许多人都是非常热心、虔诚的基督徒。我并无冒犯之意，但我认为五旬节运动或许可以被形容为一种"属灵迷恋"。迷恋不容易被冷静、合理的辩论所征服。若仅仅用一连串的演绎法，去接近这些沉醉在感性的教导中的人，他们通常无动于衷。他们正享受某些东西，当然不愿意为了福音派教会的教义而捐弃己见。在他们看来，福音派的教义既冷淡，又无法满足人心。

　　那些饥渴的基督徒和初信者，会不会因为这派信徒能提供一些比我们教会所表现的基督教形式更有活力、更能令人满足的生气蓬勃的东西，而投入他们的怀抱中呢？当他们将早期教会的虔诚、热心和现今大部分教会的冷淡做比较时，难道不会转去追随那应许给他们早期教会同样能力的教派吗？我们有关这点的教导，是不是显得残缺不全？全球性的五旬节运动正方兴未艾，不论在国内传道还是国外宣教工作上，对我们都是一项挑战。

五旬节恩赐

　　我们的主命令他的门徒，在耶路撒冷等待"父所应许的"（徒1：4），那究竟是什么？并不是说方言的恩赐，乃是领受从上面来的能力，二者截然不同（路24：49）。领受圣灵的证据，是更有能力为主作见证。根据《使徒行传》1章8节的记载，我们的主详述了他的应许。他清楚说明：圣灵降临在他们身上，他们就会大有能力，到世界各地为复活的基督做见证。"但圣灵降临在你们身上，你们就必得着能力……直到地极，作我的见证。"当然随后他们"按着圣灵所赐的口才说起别国的话来"（徒2：4）是事实，但这并非如五旬节派所说的，就是恩赐本身，也并非是圣灵降临最重要的证据。

别国的话和方言

为了说明这个主张，必须先解答几个初步的问题：五旬节时"别国的话"，和《哥林多前书》14章提到的"方言"两者是否为一物？"别国的话"只出现一次，在《使徒行传》2章4节。《使徒行传》10章46节和19章6节里，只是"说方言"，后者还加上了"说预言"。这似乎是在亢奋状态下所说的话和普通人能明白的教导两者之间，划出分野。

普伦特里（E. H. Plumptre）①在他的注释中主张，且不谈五旬节事件，其他的方言并不是"借着寻常方式学不来的语言上的能力，而是由狂喜的热诚产生的忘形言谈"。圣经上有许多地方可以支持他的论点。

_____

① 普伦特里（1821–1891），英国圣公会牧师。

五旬节时	哥林多教会
所有人都说方言（徒2：4）	并非所有人都说方言 （林前12：30）
众人都听得懂（徒2：6）	众人不懂（林前14：2、9）
方言的对象是人（徒2：11、17）	方言的对象是神（林前14：2）
无需翻译（徒2：6）	若没有人翻译，就当闭口不说 （林前14：23、28）
方言是给信徒的证明和凭据 （徒11：15）	方言是为不信的人作证据 （林前14：22）
说方言能带给其他人救恩 （徒2：41）	说方言是造就说的人 （林前14：4）
众人看见就充满惊讶、稀奇 （徒2：7–8）	保罗警告，全教会聚集时若都 说方言，外人会说他们发疯了 （林前14：23）
方言带来完全的和谐（徒2：1）	方言引起混乱（林前14：33）

　　既然这两种说方言的恩赐有如此大的区别，若建立一套教义系统，将二者混为一谈，在经文解释上是站不住的。如果《哥林多前书》14章的"方言"，不同于《使徒行传》2章的方言，那又是什么呢？五旬节那天所说的"别国的话"，是他们当地土话以外的语言。"每个人都开始说他们从未说过的语言，但从各地来，操各种语言的听众，却能明白他们所说的。那并非莫名其妙的语言，而是可以明了的话。"《哥林多前书》14章的"方言"，是狂喜的、出声的词句，是一种热烈、狂喜的宗教表现，若不透过翻译的恩赐，说者和听者不一定能

明白。这样的描述，和此章的整个教训互相配合。

巴克莱主张："这在早期教会是非常普遍的现象。一个人可能由激昂而逐渐忘形，在这种状态下，他就会发出一连串无法控制的声音，不属于任何一种语言。除非经过翻译，否则不知所云。看来也许有些奇怪，但初代教会里，这是令人极端羡慕的恩赐。这也是一项危险的恩赐：一是因为它不寻常，为人垂涎，所以得到的人很容易因为自己的恩赐产生属灵的骄傲；另外，由于渴望获得它，某些人会自我催眠，进入一种特意诱发的歇斯底里状态，最后说出一种虚假的、欺哄人的、完全出于自己的方言。"

应该记得一点，这种狂喜亢奋的言辞并非五旬节派的专利。回教、印度教、摩门教和通灵术都有类似的现象。这个事实提醒我们，当别人主张说方言是受圣灵洗和领受圣灵的必要及唯一的证明时，应该存保留的态度。一位作者说过："几乎所有的宗教，当狂热流于盲信时，都会有类似的表现。"因此，说方言可能是真理的灵的工作，也可能是邪灵的工作。

现今能有真正的方言吗？

这个问题，有两种不同的观点。第一种清楚表达在罗伯特·安德森爵士（Sir Robert Anderson）[1]的话里。他用特有的信念说："这不是观念的问题，乃是一件事实。虽然五旬节的恩赐以及明显的奇迹，在《使徒行传》的记录和那段时期写就的

---

① 罗伯特·安德森爵士（1841–1918），英国神学家，作家。

书信经文中，占了显著的地位，但其后的书信经文对方言和神迹只字未提。自然我们可以推论，神迹和恩赐已停止了。保罗在狱中写的最后几封书信，证明这个推论是正确的。"

摩根博士（Dr. G. Campbell Morgan）也支持同样的观点。他写道："我们必须记得，这些现象只是一个开端，没有完成。它们未产生最后的结果。为了吸引耶路撒冷的注意，这些是必需的……它们神圣、直接并且积极，但是它们是暂时的，永不再重现，因为已经无此必要了。"

有一个合理的例子值得一提，以支持这个观点。当然这并不是结论。《哥林多前书》13章，分隔了12章列出的属灵恩赐，和14章有关运用这些恩赐的教训，它是这样写的："先知讲道之能终必归于无有，说方言之能终必停止，知识也终必归于无有。我们现在所知道的有限，先知所讲的也有限，等那完全的来到，这有限的必归于无有了。"（林前13：8-10）

主张五旬节恩赐和行神迹的恩赐已消逝的学者们，坚持认为《哥林多前书》13章10节，不是指着最后的成就而言，乃是指保罗的书信里神真理的完全启示。从时间先后看，《以弗所书》4章8-16节是最后一次提到圣灵的恩赐，在此名单中已将行神迹的恩赐略去了。而名单中提及的使徒和先知这两个恩赐，如今也不存在了。随着人的成熟和完全的来到，知识、先知、说方言，这三项特殊的恩赐都成为过去了，因为它们的目的已达到。只有在启示尚未完成时，才用得着它们（参见来2：3-4）。这些恩赐伴随着灵命的不成熟，诚如保罗所说："既成

了人，就把孩子的事丢弃了。"（林前13：11）

于是争论起来了，它不是建立在清楚的圣经声明上，却建立在一连串的理性推论上。本书作者曾就这方面和醉心于五旬节派理论的人论辩，却徒然无功。没有任何绝对的经文，可以供人用来为此论点做一结论。相反，却有许多明确的经文让人据以反驳。

> 不要禁止说方言。（林前14：39）
>
> 我愿意你们都说方言。（林前14：5）
>
> 我说方言比你们众人还多。（林前14：18）

面对这么清楚的陈述，如果仍将现今所有说方言的人，都视为虚假的，"除了胡言乱语和歇斯底里，简直一无所是"，这样未免以偏概全，难以使那些在保罗蒙启示所写的书信中听到了圣灵声音的信徒们心服。

不可否认，现今大部分说方言的人都被视之为胡说、过度兴奋。它所结的果子，证明其主要部分并不是出自圣灵的果子。即使有人翻译，所说的事情也常是幼稚的，丝毫不能增益圣经已经说过的。妥锐博士对这个运动的早期发展有深刻的研究。他虽然相信大部分的方言都是假的，但在这方面他还是说："我们不可否认，在我们这个时代，神还是可能将说方言的恩赐给人。"当此运动风起云涌之际，索托牧师（George W. Soltau）这位可靠的圣经解释者写道："难道现在再也没有说方言这回事？显然还是有的……到底这恩赐给了谁？从手边的资料显示，这福气是在私底下授予的。常常难以预料，不费追索之力。而且它的目的是为了崇拜和颂扬，并不是为了吸引人心或向人夸耀。也有少数的例子中，恩赐是在公众的聚会中赐下的，同时也伴随着一个充满柔和、谦卑、节制、仁爱的灵。"

本书作者也亲自经历过他所说的这种情况。当恩赐在私下、未经追求就出现时，便带来崇拜和颂赞。出现几次后，它就停止，不再发生了。

第二十一章
圣灵与说方言（二）

———◆◇◆———

"岂都是说方言的吗？"

（林前12：30）

读经：《哥林多前书》14章1-33节

受圣灵洗的证据

大多数五旬节派信徒都持有一个观点，就是：说方言是受圣灵洗和领受圣灵必要的证据。他们认为，若缺少了这个表现，就没有经历圣灵的洗，也没有完全领受圣灵，只是经历一小部分他的同在和能力。这信念的基础，是因五旬节那天的耶路撒冷、该撒利亚城哥尼流的家和以弗所的教会，那些聚会中的圣灵的洗，都有说方言做证据（参见徒2：4，10：46，19：6）。这是很有趣的发现，因为《使徒行传》记录中上述的这些例子，毫无疑问都伴有这种表现。

对上面提到的三次事件加以研究，会看出每一次赐下说方言的恩赐，都有其意义深远的理由。

五旬节时赐下方言的理由是时机的迫切和紧急。五旬节宴席聚集了大量从邻近国家来的犹太人，许多人正准备起程返家。此时基督的钉十字架、复活、升天都已成过去，福音的基本事业已经完成。圣灵降临再加上此表现，引起了整个城市的注意。若要向广大群众传福音，向他们解释所发生的事件的意义，这正是时候。若没有说方言的恩赐，他们就会因语言的障碍，无法向来自15个国家的人做见证。为了实现神最高的旨意，圣灵赐下这个恩赐，达成了神最初向这些国家传福音的目的。其后的任何场合，再也没有同样情形发生。

该撒利亚的理由又不相同。彼得不情愿顺从主的命令，将福音带给哥尼流这个外邦人。针对这个问题，圣灵赐下了说方言的恩赐。彼得的态度，十足代表了耶路撒冷教会的态度。神为了使彼得和教会明白，他赐给外邦人的恩赐也和犹太人一样，便慈悲地使发生在耶路撒冷的事重现，但这回并没有出现多国的语言，也不牵涉传福音的事。

在以弗所的犹太信徒们，对施洗约翰首创之运动后来的历史发展毫不知情，虽然他们正投身其中。他们也不明白有关救赎的事和圣灵的恩赐。但透过保罗的教训，他们的经验因着同样说方言的恩赐，和耶路撒冷的教会，以及该撒利亚初信的外邦人互相联结了。这次也没有五旬节的传福音性质。

显然这些例子中，赐下说方言恩赐的目的，不是圣灵恩赐或圣灵充满的证据，乃是要证明每一个场合中，神所赐的福分都是一样的。另有一点值得注意，在耶路撒冷、该撒利亚和以弗所，这恩赐都是未经寻求、期待而赐下的，每一回都是在一次聚会中出现的，而且聚会的形式都很类似。圣经上没有五旬节派教会特有的"追求圣灵充满聚会"之先例。这恩赐在上述三处每次都在聚集的全会众中赐下，而不是只在经过选择、特别预备的个人身上出现。

基于上述各项理由，我们无法支持将说方言视为受圣灵洗和浇灌唯一证据的说法。若这说法是对的，那么说方言的实际效力会使它成为所有属灵恩赐中最重要的，也最值得人们追求，然而保罗所强调的正相反。譬如在各处经文中，先知讲道的恩赐都优于说方言的恩赐。他将说方言的恩赐列为最不重要的一项。他勉励哥林多的信徒"要切切的求那更大的恩赐"（林前12：31），即在暗示，还有其他更大、更多的属灵恩赐值得我们求。他积极鼓励哥林多人，切慕做先知讲道。提到方言，他只说不要加以禁止。他从未对别的恩赐，这么清楚地指出其有被误用的可能。也没有任何恩赐，像说方言这般，受到各样禁忌、规章的约束。"但在教会中，"他说，"宁可用悟性说五句教导人的话，强如说万句方言。"（林前14：19）

说方言的目的

也许有人会问，既然这项恩赐需要如此严格的限制，又容易流于滥用和伪造，它是否有真正的价值呢？其实，既是圣灵所赐，就足以证明：若保持它原来的纯洁，并在神准许的规定下使用，它既非多余，亦不是无益的。若这样，我们就无需为翻译的恩赐多做解释或辩护了。

说方言的恩赐，证明一个新的时代开始了。它同时具有一个重要的功能，就是证明并坚固人领受神启示所说的那些话，因为当时新约圣经尚未写成。神"按自己的旨意，用神迹奇事和百般的异能，并圣灵的恩赐"（来2：4），使他的传道人为他做见证。说方言也可能是真正崇敬、礼拜的表现，所以它有一个有益处的目的。我们必须小心谨慎，不要过分强调它劣于其他恩赐，因为这样做等于是在责难圣灵赐下它是不智之举。

管理这恩赐的规则

保罗一方面指出，这种狂喜的言谈不必加以鼓励，也不应该禁止；另一方面他又用严格地规定为它设界限。他并不怀疑这恩赐的真实性，但他洞悉它的危险性。因为人很难区别心驰神往、歇斯底里和自我催眠的不同。如果承认今日仍有真正的说方言，那么一定要在符合圣经的要求、证实其为真的情形下才能为人接受。必须"凡事都要规规矩矩的按着次序行"（林前14：40），才可以被允许采用。保罗的教导显示了下列事实：

- 所有属灵的恩赐，都是随圣灵的意思分给各人的（参见林前12：11）。因此没有一项恩赐是人可以凭己意要求的。我们不能指挥圣灵，说我们想要哪一种属灵恩赐。
- 我们应该切慕更大的恩赐，也就是最能造就教会的恩赐（参见林前14：12）。哥林多教会置此教训不顾，却追求特殊的恩赐，结果引起内部的混乱和损失。
- 所有恩赐的最主要目标都是造就教会（参见林前14：

12）。如果任何所谓的恩赐做不到这一点，那么它不是伪造的，就是被妄用了。

· 若有人想在公众面前说方言，他先要确定有人翻译才行（参见林前14：28）。

· 在教会中，若两个人或三个人一组说方言，就当轮流说。不可以一起说，否则就当闭口（林前14：27）。使用这个恩赐时，若产生混乱而不是和谐，那就是最明显的证据，证明它是虚假的，因为神不是叫人混乱的（参见林前14：33）

当心的理由

我们可以看出，认为说方言是受圣灵的洗和领受圣经必要证据的人，也是我们的肢体，是信徒，许多还是非常虔诚的基督徒。但我们必须以它的结果和危险性来评价这个运动。该运动最大的一个危险，是企图将主要、必须的，降级为附带、次要的。他们故作惊人之举，想把基督教的伟大核心真理，贬低到附带的属灵表现和它所带来的经验之下。这样的教导，一眼就能看出它可疑之处。

这种教导有几点危险：

属灵的伪善

当然，在别的基督徒圈子中，也有此可能，但这个运动更容易引起此方面的危机，因为他们声称自己拥有特殊、显明的真理。他们主张说方言的恩赐是受圣灵洗和被圣灵充满的主要证据，而此恩赐在五旬节教派的聚会中出现的次数远比其他教会多，这样很容易招致优越感。他们中间的一个人曾对笔者说："当然啦，我们生活在一个比你们高的水平上。"此话或许不假，但应该由别人的嘴说出来才对。平心而论，他们中间较属灵的信徒，真该像我们一样，对此种态度深感遗憾。

对虚伪大开门户

在各样属灵的恩赐中，这一项恩赐最容易流于滥用和伪造，此乃不争之事实。异端和敌基督运动中的人，也经历同样的现象，这就明白地显示出这种表现可能来自天堂，也可能来自地狱。撒旦喜欢败坏、仿造一切美好、圣洁的事物，然后卑鄙地加以盗用。肉体和属灵的领域密切相关，很容易令人混淆。我们极易将肉体的热忱和兴奋误认为是属灵的火热。

分裂的倾向

这点对熟悉五旬节运动历史的人来说，不必多费口舌。他们对外宣教的工场以及国内的据点，都不断有分裂的事发生——不管是运动本身，还是在无数的会众中间。这实在很可悲，他们认为这运动和圣灵的运动同样卓越，却不但未显出圣灵合一的特性，反而以易于分裂而著称。保罗看到这一点，对罗马信徒提出适当的劝诫："那些离间你们，叫你们跌倒，背乎所学之道的人，我劝你们要留意躲避他们。"（罗16：17）

并非所有的五旬节派团体都会引起分裂，我们也不应该用以偏概全的态度来解释此节经文，或用它来抵制那些信徒。

过度的感性

如果我们传统的教会有过分压抑情感因素的倾向，这个运动却恰恰相反。罗伯森（F. M. Robertson）评论："圣灵可能用三种方式与人交流：渗入他的身体，就形成了所谓的神迹；渗入他的灵里，产生崇高的感觉，借着所谓的'方言'发泄出来；渗入他的知识中，就成了说预言。在'方言'的例子中，人有一种感觉，却无法将它合理地表达出来……清楚的理解力逐渐消退，沉没在意乱神迷中。除非他加以控制，否则说话的人完全被自己的感觉迷住。"

这种狂喜的状态如此愉悦，能激起别人的羡慕和模仿，以致哥林多教会沉迷于这种现象，把它当作首要的追求目标。今日五旬节派的会众亦是如此。他们不好好坚持行善，却把时间花在展示激烈的情感上。这种不加控制的宗教情绪压倒了理性和知性，将自然、生物性的感觉，充作属灵的火热。五旬节派今天也有相同的倾向，结果常常造成痛苦。

毕尔逊博士（Dr. Arthur T. Pierson）[①]生前曾针对此运动的发展和特性，主持过一项彻底的、全球性的调查。他将考察结果摘要记下，可以作为接触这个题目的门径：

---

① 毕尔逊（1837–1911），美国改革宗牧师，早期基要主义运动的领袖，著有作品逾55本。

　　此争论的最终仲裁者，应该是无误的圣经，而不是人类的经验。

　　最值得追求的恩赐，应该是最能造就人的。

　　所有真的属灵恩赐，都能增进平静与和谐。

　　所有圣灵的真资质，都能引致谦卑和柔和。

　　若为了自己的缘故或为了荣耀自己而追求某种恩赐，无宁为一种欺哄或陷阱。

　　所有来自人类的过度影响力，都与神之灵的超然性相抵触。

　　任何容易产生分裂和离心力的事物，都要以最高的警惕心加以怀疑。

　　我们应该时时警惕，以发觉撒旦的诡计和假面具。

关于圣灵的正面教导

　　还有一个问题有待解答：我们如何有效地帮助那些受此教导迷惑的人，并且防止其他人重蹈覆辙？

　　既然每一个基督徒都负有互助的责任，我们就该尽早给予他们有关圣灵的工作、五旬节的意义等充分而正确的教导，并教他们如何亲自领受圣灵的充满。一有灵魂归向主，我们就该趁早引领他们进入这种经验中。不该把教导中的重要部分，延迟到他们更成熟之后才教导。一个初信主的年轻人，吸收属灵真理的能力是惊人的。我们确信，如果将此放入我们教会的例行程序中，一定可以大大减少信心退步的情形，并使教会在圣洁中迅速增长。

　　若有信徒被引入五旬节运动或被它吸引，就需要用属灵的态度，特别照顾他。不能用属世的武器，正面的攻击不但不能救他脱离，反而驱使他投入。有一次，本书作者被邀请到一所教会做一系列的演讲，这个教会正因此问题濒于分裂。在一连串的演讲中，我既不提五旬节主义，也没有对这个运动做任何间接的攻击，只是提供有关圣灵的清晰而正面的教导，以及圣灵如何满足人的需要，给人圣洁的生活和有效力的服侍。圣灵为神的话语做了见证，结果没有一个会众加入五旬节派教会。

　　当别人对经历狂喜忘我、大能的应许感到心动时，有一个可行的办法，就是借着圣经的话和个人的经验，向他显示：当圣灵控制了生命时，自然会有圣洁、喜乐和能力为他做见证。如果我们自己尚未享有圣灵的充满，当务之急就是领受圣灵的充满，然后我们才能实际证明保罗所说的"最妙的道"（林前12：31）。

　　保罗把那篇伟大之爱的诗歌放在哥林多书信中，不是出之于偶然。这爱的篇章的崇高主题，是由其既定目的引出的，而保罗已将这目的清楚地揭示出来："你们要切切的求那更大的恩赐。我现今把最妙的道指示你们。"（林前12：31）——基督徒的爱，比可观的属灵恩赐更美妙。但这最高的恩赐，若不是出于纯洁爱心的灵，并借之实践的话，也是枉然的。"你们要追求爱，"保罗又补充说，"也要切慕属灵的恩赐。"（林前14：1）二者相辅相成，不能单独存在，这才是"最妙的道"。

图书在版编目（CIP）数据

生命的成熟 /（新西兰）孙德生（Sanders, J.O.）著;
钟越娜译. — 海口：南方出版社, 2012.12
　书名原文: Spiritual Maturity
　ISBN 978-7-5501-1288-9

　Ⅰ.①生… Ⅱ.①孙… ②钟… Ⅲ.①人生哲学—通
俗读物 Ⅳ.①B821-49

　中国版本图书馆CIP数据核字（2012）第260315号
　图字：30-2012-168

Originally published in the U.S.A. under the title "Spiritual Maturity"
Copyright © 1962, 1994 by The Moody Bible Institute of Chicago
Published by Moody Publishers
820 N. LaSalle Boulevard
Chicago, IL 60610

书　　名：生命的成熟
作　　者：[新西兰] 孙德生（J. Oswald Sanders）
译　　者：钟越娜

出 版 人：赵云鹤
出版发行：南方出版社
地　　址：海南省海口市和平大道70号
邮　　编：570208
电　　话：（0898）66160822
传　　真：（0898）66160830
经　　销：新华书店
印　　刷：环球印刷（北京）有限公司
开　　本：880×1230　1/32
印　　张：8.25
字　　数：160千字
版　　次：2013年1月第1版　2013年1月第1次印刷
书　　号：ISBN 978-7-5501-1288-9
定　　价：28.00元

该书如出现印装质量问题，请与本社北京图书中心联系调换
电话：（010）65068303-622